W0318577

Die Stille feiern

Die Stille feiern

H.H. Sri Sri Ravi Shankar

Ausgewählte Wissensbriefe 1995-2000

Shankara Europe

Titel der amerikanischen Originalausgabe: Celebrating Silence
Gesammelt und herausgegeben von Shankara Europe
Deutsche Bearbeitung
Rolf Janzen und Anna Kristin Prahl
Layout: Eckart Schmidt, Cornelia Gregor, Andreas Gutfleisch

ISBN 13 978-90-77840-29-0

Shankara Europe
Annastraat 39
6035 BJ Ospel
The Netherlands
Tel. +31 (0)495 633 246
Email: info@shankaraeu.com
Website: www.shankaraeu.com

2. Auflage

Alle Gewinne aus dem Verkauf gehen in humanitäre Projekte der Art of Living Foundation.

Teil 1

Erfahrungen
auf dem Weg zu Dir

Teil 2

Der Weg zu Dir –
Du bist das Ziel

Teil 3

Du, Gott und
darüber hinaus

Anhang

Einführung

Das Wissen vom Leben gibt Dir Vertrauen und das Wissen vom Tod macht Dich furchtlos und bringt Dich in Deine Mitte. Einige können nur mit anderen Menschen zusammen feiern; andere können sich nur allein in der Stille freuen. Ich rate Dir, beides zu tun. Feiere, wenn Du alleine, und feiere, wenn Du mit Menschen zusammen bist.
Feiere die Stille und feiere den Lärm. Feiere das Leben, feiere den Tod.

H.H. Sri Sri Ravi Shankar

Im Juni 1995 hat Sri Sri Ravi Shankar eine sehr persönliche Tradition begründet. Bis 2002 gab er einmal in der Woche in Form eines Wissensbriefes Antworten auf Fragen des menschlichen Daseins und Anregungen für ein Leben in Weisheit und Liebe. Dieses Buch enthält eine Sammlung ausgewählter Wissensbriefe aus den ersten fünf Jahren.

Das Wissen, das er in jedem dieser Briefe vermittelt, ist immer aktuell und voller Tiefe. Wer das Glück hat,. Sri Sri Ravi Shankar selbst zu hören, erfährt eine Wahrheit, die direkt zum Herzen spricht. Häufig kommt es vor, dass Menschen, die Rat suchen oder sich nach Wissen sehnen, einen Band mit Wissensbriefen wie zufällig aufschlagen und genau die Sätze finden, die ihnen in diesem Augenblick helfen.

Die Auswahl der Briefe in diesem Band ist thematisch geordnet. Der erste Teil hilft uns, konkrete Erfahrungen in unserem Leben zu verstehen: Dinge, die wir ändern wollen, wie Zweifel, Zorn und Angst; und Dinge, die wir pflegen wollen, wie Liebe und Gelassenheit.

Der zweite Teil spricht über ein spirituelles Leben:
Er enthält Themen wie Dienen, Hingabe und spirituelle Übungen.
Der dritte Teil geht noch eine Ebene tiefer: Er handelt von Gott und unserer Beziehung zu Ihm und von unserem inneren Selbst, von dem, wonach wir uns – bewusst oder unbewusst – in der Tiefe unseres Herzens sehnen.

Feiern

Die Sonne geht auf und feiert.
Der Himmel umarmt und feiert.
Winde wehen und feiern,
Flüsse fließen und feiern,
Vögel singen und feiern,
Pfauen tanzen und feiern,
Bäume blühen und feiern,
Knospen erblühen und feiern.
Wir lächeln und dienen,
meditieren und feiern.

Teil 1

Erfahrungen

auf dem Weg zu Dir

Die Sinne sind wie Feuer. Dein Leben ist wie Feuer. Alles, was Du ins Feuer der Sinne wirfst, brennt. Wenn Du einen Autoreifen verbrennst, dann entstehen Qualm und Gestank. Wenn Du jedoch Sandelholz verbrennst, entsteht ein Wohlgeruch.
Einige Feuer verschmutzen, andere reinigen. Eine Feier spielt sich um ein Freudenfeuer herum ab, Trauer herrscht um das Feuer einer Einäscherung.

Das gleiche Feuer, das im Winter Leben erhält, kann auch zerstören. Auch Du bist wie Feuer. Aber bist Du die Flamme, die Rauch und Verschmutzung verursacht, oder die Kampferflamme, die Licht und Wohlgeruch verbreitet?

Ein Heiliger ist wie die Kampferflamme, die Licht und den Duft der Liebe hervorbringt. Er ist der Freund der Lebens. Das wertvolle Feuer bringt Licht und Wärme. Das Feuer, das Licht und daneben auch etwas Rauch hervorruft, ist von mittlerem Wert. Das Feuer, das nur Dunkelheit und Rauch hervorbringt, ist minderwertig.

Lerne, die verschiedenen Feuer zu unterscheiden. Wenn Deine Sinne sich mit Güte beschäftigen, dann wirst Du Licht und Duft verbreiten. Wenn Du mit Unreinheit beschäftigt bist, schaffst Du Rauch und Dunkelheit. Samyama (ein Gelübde) verwandelt die Beschaffenheit des Feuers in Dir.

Nordamerikanisches Zentrum, Montreal, Kanada 24.7.1995

Wie kannst Du Dich von „Vasanas“ (Eindrücken) befreien? Das ist eine Frage für all diejenigen, die aus schlechten Gewohnheiten herauskommen wollen.

Du willst die Gewohnheiten loswerden, weil sie Dir Schmerzen bereiten und Dich einengen. Gewohnheiten belasten Dich, wenn Dein Leben saftlos und ohne Lebendigkeit ist. Es ist das Wesen von Vasanas, Dich zu binden und zu plagen. Jedoch ist der Wille, frei zu sein, das Wesen des Lebens. Das Leben möchte frei sein, und wenn eine Seele nicht weiß, wie sie frei sein kann, dann wandert sie durch verschiedene Leben mit der Sehnsucht nach Freiheit.

Der Weg, aus Gewohnheiten herauszukommen, ist ein Gelübde abzulegen (Samyama). Wenn Deine Lebenskraft eine Richtung hat, kannst Du Dich mit Samyama über Gewohnheiten erheben. Wenn der Geist sich mit nutzlosen Gedanken über schlechte Gewohnheiten befasst, dann können zwei Dinge geschehen:
All die alten Verhaltensmuster kommen hoch. Du tadelst Dich selbst und fühlst, dass Du überhaupt keinen Fortschritt gemacht hast. Oder Du siehst die Gewohnheiten als eine Gelegenheit für Samyama und freust Dich darüber.

Ohne Samyama wird das Leben nicht glücklich und frei von Krankheiten verlaufen. Zum Beispiel weißt Du, dass Du nicht drei Portionen Eis pro Tag essen solltest. Wenn Du es dennoch tust, wirst Du krank werden. Samyama verhindert solche Zügellosigkeit.

Ein Gelübde sollte zeitlich begrenzt sein. Wähle die Zeit und den Ort für ein Gelübde mit Bedacht! Wenn ein Gewohnheitsraucher zum Beispiel sagt: „Ich werde das Rauchen aufgeben“, schafft es aber nicht, dann kann er ein zeitlich begrenztes Gelübde ablegenauf drei Monate begrenzt. Wenn jemand ständig flucht und schimpft, dann lege er ein Gelübde ab, zehn Tage lang keine üblen Reden zu führen. Lege kein Gelübde auf Lebenszeit ab, Du wirst es sofort brechen!

Falls Du es mittendrin brichst, mach Dir nichts daraus! Fange einfach von vorne an. Vergrößere langsam die Zeitdauer, bis Du frei bist von der Gewohnheit, bis Freisein von der Gewohnheit zu Deinem Wesen geworden ist. Binde alle Gewohnheiten, die Dich stören, die Dich schmerzen, in Samyama.

Brookfield, Connecticut, U.S.A 30.7.1995

Deine Unfähigkeit, etwas Bestimmtes zu tun, etwa eine Gewohnheit zu durchbrechen, kann einen Druck erzeugen. Wenn Dich etwas tief schmerzt, dann wird der Schmerz Dich von dieser Gewohnheit befreien. Wenn Dich Deine Unzulänglichkeit schmerzt, bist Du ein Sadhaka, ein Sucher. Schmerz führt Dich aus der Sucht heraus.

Los Angeles, California 30.1.1997

Wenn Du Deine Laster nicht loswerden kannst, vergrößere sie. Ärger, Stolz, Wut, Begierde, Sucht gib ihnen einen größeren Umfang und eine andere Richtung: Warum wegen Kleinigkeiten wütend werden? Sei wütend auf das Unendliche, auf Brahman. Wenn Du Stolz nicht ablegen kannst, sei stolz darauf, das Göttliche zu besitzen. Wenn Du von Gier geplagt bist, sei gierig auf Satsang. Wenn heftiges Verlangen an Dir nagt, verlange nach der Wahrheit. Wenn Eifersucht Dich heimsucht, sei eifersüchtig auf Seva.
Sei Abneigungen gegenüber abgeneigt.
Verbinde Dich mit dem Meister. Werde trunken vom Göttlichen!

Rishikesh, Indien 3.4.1997

Wünsche nach sinnlichem Vergnügen sind ihrer Natur nach elektrisch. Sie werden neutralisiert, wenn sie sich auf das Objekt der Sinne zu bewegen. Wenn Du sie geschickt auf das Zentrum Deiner Existenz zubewegen kannst, wirst Du eine neue Dimension von ständig andauerndem Vergnügen, von Erregung, von Glückseligkeit und von unsterblicher Liebe erleben. Lust, Gier und Eifersucht sind machtvoll, weil sie nichts als Energie sind und Du ihre Quelle bist – reine Elektrizität. Einsatz und Hingabe erhalten Deine Elektrizität rein und bringen Dich nach oben.

Wenn Du erkennst, dass Du selbst die Elektrizität der Freude bist, klingen Deine Gelüste ab und heitere Gelassenheit breitet sich aus. Auch der Gedanke daran, dass Du sterben wirst, macht Dich dann lebendig, frei von Begehren und Abneigungen.

Mailand, Italien 7.1.1998

Wünsche töten die Freude, aber das Ziel aller Wünsche ist Freude. Immer, wenn das Glück aus Deinem Leben verschwunden ist, schau einmal tiefer in Dich hinein, und Du wirst sehen, es geschah wegen eines Wunsches. Doch alles, was wir uns wünschen, ist Glück. Nie wurde ein Geschöpf geboren, das unglücklich sein wollte; das hat es nie gegeben und das wird auch in Zukunft nicht geschehen. Wenn Dein kleiner Geist vom Umherrennen müde geworden ist, dann kommt er zu dem Schluss:
Meine Wünsche haben mein Glück umgebracht.

Bangalore Ashram, Indien 26.4.2000

Alles Wünschen dreht sich um Glück. Das ist doch das Ziel aller Wünsche. Wie oft führt Dich ein Wunsch zum Ziel? Hast Du je über das Wesen von Wünschen nachgedacht? Es bedeutet einfach „morgen" und nicht „jetzt". Aber Freude ist niemals morgen, sie ist immer jetzt.

Wie kannst Du Wünsche haben, wenn Du voll Freude bist? Und wie kannst Du wirklich jetzt voll Freude sein, wenn Du Wünsche hast? Der Wunsch scheint Dich zum Glück zu führen. Tatsächlich jedoch kann er das nicht. Und deshalb ist er Maya – Illusion.

Bangalore Ashram, Indien 6.3.1996

Wie entsteht ein Wunsch? Ein Wunsch entsteht mit der Erinnerung an eine angenehme Erfahrung und an vergangene Eindrücke. Ein Wunsch kann beim Zuhören entstehen. Ein Wunsch kann in Verbindung mit bestimmten Menschen oder Orten ausgelöst werden. Der Wunsch oder das Bedürfnis von jemand anderem kann sich als Dein eigener Wunsch kundtun: Wenn jemand hungrig ist, bekommst Du den Wunsch, ihm zu essen zu geben, oder wenn jemand mit Dir sprechen möchte, bekommst Du selbst den Wunsch, mit ihm zu sprechen.

Das Schicksal oder ein Ereignis, in dem Du eine Rolle spielen musst, können einen Wunsch auslösen, aber Du hast keine Ahnung, woher er kommt. Es hat zum Beispiel ein Mann aus Quebec, Kanada, 30 Jahre lang Straßen gebaut und auf einem Bauernhof gearbeitet, ohne zu wissen, wofür. Der Hof war dazu bestimmt, unser kanadischer Ashram zu werden und wir benutzen jetzt die Straßen, die er baute.

Dharamshala, Himachal Pradesh, Indien 6.4.2000

Wünsche kommen von alleine, sie bitten nicht um Erlaubnis. Was machst Du mit ihnen, wenn sie kommen? Wenn Du sagst, Du möchtest keine Wünsche haben, dann wird das zu einem weiteren Wunsch.

Dies ist mein Rat für Dich: Wenn Du ins Kino gehen willst, musst Du eine Eintrittskarte kaufen. Diese Karte muss am Eingang abgegeben werden. Wenn Du die Karte festhältst, wie kannst Du dann hineinkommen? Wenn Du an einer Hochschule zugelassen werden willst, musst Du ein Bewerbungsformular ausfüllen und einreichen; Du kannst es nicht behalten. Genauso musst Du auf Deiner Lebensreise. Deine Wünsche immer wieder abgeben, loslassen, darfst nicht an ihnen festhalten.

Wenn Du Deine Wünsche immer wieder loslässt, kommen immer weniger Wünsche hoch. Unglücklich sind die, die immer Wünsche haben, deren Wünsche jedoch nicht erfüllt werden. Etwas mehr Glück haben diejenigen, deren Wünsche nach einer langen Zeitspanne in Erfüllung gehen. Noch mehr Glück haben die, deren Wünsche erfüllt werden, sobald sie aufsteigen. Am meisten Glück haben die, die keine Wünsche mehr haben, weil die Erfüllung schon vor dem Auftauchen eines Wunsches da ist.

Swargashram (Himmlische Heimstatt), Rishikesh, Indien 20.3.1996

Buddha sagte, dass der Wunsch die Ursache allen Elends ist. Wenn Dein Wunsch nicht erfüllt wird, führt das zu Enttäuschung und verursacht Elend. Selbst wenn er erfüllt wird, lässt er Dich leer zurück.

Vasishta hat gesagt, dass der Wunsch die Ursache von Vergnügen ist. Ein Mensch oder ein Ding bereiten Dir nur dann Vergnügen, wenn Du Verlangen danach spürst. Wenn Du kein Verlangen danach hast, hast Du kein Vergnügen daran. Wenn Du überhitzt und durstig bist, ist ein Schluck kaltes Wasser ein Vergnügen; jedoch nicht, wenn Du nicht durstig bist. Was Dir auch Vergnügen bereitet, es bindet Dich, und Bindung bedeutet Elend.

Ich sage Dir, wenn Du Dir Wahrheit wünschst, fallen alle anderen Wünsche weg. Du wünschst Dir immer etwas, was nicht da ist. Aber Wahrheit ist immer da. Der Wunsch nach Wahrheit beseitigt alle anderen Wünsche, und dann löst auch er sich auf.
Was übrigbleibt, ist Seligkeit.

Denpasar, Bali, Indonesien 11.5.2000

Deine Wünsche und Absichten (Sankalpas) trennen Dich von Gott. Opfere sie alle dem Göttlichen. Dann bist Du göttlich, dann bist Du Gott. Du bist frei, es mangelt Dir an nichts.

Bangalore Ashram, Indien 16.10.96

Vergnügen und Schmerz sind starke Empfindungen in unserem menschlichen Körper. Wenn wir nicht in Vergnügen oder Schmerz verfangen sind, können wir wahrhaft und aufrichtig sagen: „Ich gehöre zu Dir."

Das geschieht, wenn alle Sehnsüchte und Abneigungen, Wünsche und Zweifel von Dir abfallen – und im Handumdrehn gehört Dir die Welt!

Dein ganzer Jammer dreht sich um all das „ich, ich, ich...." – „ich möchte dies, ich mag das, ich mag das nicht."

Lass das einfach einmal los! Denk daran: Die Sonne geht auf und wieder unter, das Gras wächst, der Fluss fließt, der Mond scheint, und ich bin hier auf ewig.

Europäisches Zentrum, Bad Antogast, Deutschland 14.5.97

ANZIEHUNG

Krishna heißt „der Anziehendste“.
Er ist das Göttliche, die Energie, die alles an sich zieht. Krishna ist der gestaltlose Mittelpunkt, der überall ist.

Jede Anziehung, die wir erfahren, kommt immer nur von Krishna.

Oft können die Menschen den Geist hinter der Anziehung nicht sehen und halten sich nur an die äußere Erscheinung.
In dem Augenblick, in dem Du die Hülle zu besitzen versuchst, wirst Du sehen, dass Krishna Dir einen Streich gespielt hat und Du mit einer leeren Hülle in Deinen Händen und Tränen in den Augen zurückbleibst.

Sei klug wie Radha – lass Dir von Krishna keinen Streich spielen. Krishna konnte Radha nicht entkommen, denn ihre ganze Welt war von Krishna erfüllt. Wenn Du erkennen kannst, dass Krishna überall da ist, wo Du eine Anziehung spürst, dann bist Du Radha.
Dann ruhst Du in Deiner Mitte.

Der Geist bewegt sich hin zur Schönheit, Freude und Wahrheit. Krishna sagt zu Arjuna: „Ich bin die Schönheit im Schönen, die Stärke im Starken, die Weisheit im Weisen.“ So hält Krishna den Geist davon ab umherzuschweifen.

Rotterdam, Niederlande 16.8.1995

Wenn Du dem Weltlichen verhaftet bist, wirst Du fiebrig und verlierst Deinen Seelenfrieden.

Ohne Seelenfrieden bist Du zerstreut und fällst dem Trübsal zum Opfer. Unglücklicherweise merken dies die meisten Menschen nicht, bevor es zu spät ist. Sammle dich, bevor Du zu sehr zerstreut wirst, und befreie Dich von der Fiebrigkeit durch Hingabe und Sadhana (geistige Übungen).

Hingabe ist Deine Schwimmweste im Ozean des Weltlichen. Beobachte die Fiebrigkeit und gehe nach innen zu dem kühlen Ort der Stille, ruhig und ohne zu kämpfen. Dein erster Schritt in diese Richtung lenkt Deinen Blick auf das Wissen, das Göttliche.

Dein Losgelöstsein vom Weltlichen ist Dein Zauber.
Deine Bindung an das Göttliche ist Deine Schönheit.

Sydney, Australien 3.4.1996

Verlangen entsteht, wenn wir Gedanken an Genuss nähren. Aber die wirkliche Erfahrung des Vergnügens ist vielleicht gar nicht so vergnüglich wie die Erinnerung daran.
Ob Du einen weltlichen Gedanken ermutigst oder einen göttlichen Gedanken – sie bringen Dir beide Genuss.

Weltliche Gedanken ziehen Dich vom Genuss herab zu Verwöhnung, Enttäuschung und Niedergeschlagenheit. Göttliche Gedanken erheben Dich vom Genuss zu Glückseligkeit, Intelligenz und Fortschritt im Leben. Weltliche Gedanken machen nur als Erinnerung Vergnügen. Ein göttlicher Gedanke nimmt Gestalt in der Wirklichkeit an.

Was ist ein göttlicher Gedanke?
Ich bin nicht der Körper; ich bin Glückseligkeit, Satchitananda.
Ich bin unbegrenzter Raum; ich bin Liebe; ich bin Friede; ich bin Licht.

Was ist ein weltlicher Gedanke?
Das sind Gedanken an Geld, Sex, Nahrung, Macht, Status und die Selbstdarstellung.

Die Wahrheit wird durch den goldenen Schleier des Weltlichen verborgen. Durchstoße die glitzernde Hülle und wisse, dass Du die Sonne bist.

Nordamerikanisches Zentrum, Montreal, Kanada 2.7.1997

Liebe erweckt Dinge zum Leben. Steine sprechen zu Dir, Bäume sprechen zu Dir, die Sonne, der Mond und die ganze Schöpfung werden lebendig und göttlich. Durch Begierde verkommen selbst lebendige Wesen zu reinen Objekten.

- Begierde bringt Spannung. Liebe bringt Entspannung.
- In Begierde sind List und Manipulation, in Liebe ist Verspieltheit.
- Begierde konzentriert sich auf einen Teil, Liebe konzentriert sich auf das Ganze.
- In Begierde willst Du festhalten und besitzen, in Liebe willst Du geben, Dich hingeben.
- In der Begierde ist Mühe, Liebe ist mühelos.
- Begierde bringt Gewalt, Liebe bringt Opfer.
- Begierde fordert, Liebe gebietet.
- Begierde lässt Dich verwirrt und durcheinander zurück, in der Liebe bist Du gesammelt.
- Begierde ist nur dunkel und monoton, Liebe hat viele Töne und Farben.
- Begierde sagt: Ich möchte, dass Du nur das hast, was ich möchte. Liebe sagt: Ich möchte, dass Du das hast, was Du möchtest.
- Begierde macht fiebrig und enttäuscht, Liebe verursacht Sehnsucht und Schmerz.
- Begierde sperrt ein, Liebe macht frei.

Wenn jemandes Begierde gestört wird, so wird er zornig und beginnt zu hassen. Der Hass in der heutigen Welt kommt nicht aus der Liebe, sondern aus der Begierde.

Shiva, die Verkörperung von Unschuld und Liebe, meditierte. Seine Meditation wurde unterbrochen durch einen Pfeil vom Herren der Begierde. Sobald Shiva aufwachte, öffnete er sein drittes Auge und der Herr der Begierde, Manmathava (der den Geist aufwühlt) verwandelte sich in Asche.

Rishikesh, Indien 4.3.1999

Begierde besetzt den Geist, ermüdet den Körper und vernebelt den Verstand. Begierde führt zu Trägheit, wenn man ihr nachgibt und zu Wut, wenn man sie unterdrückt. Begierde ist ursprüngliche, ungezügelte Energie. Dieselbe Energie wird, wenn sie gezügelt ist, Begeisterung, Witz, Verstandesschärfe und Liebe.

Was kannst Du tun, um Begierde zu sublimieren,
in Liebe umzuformen?

- Bade in kaltem Wasser
- Mäßige Deine Essgewohnheiten
- Nimm kreative Herausforderungen an
- Sei verspielt. Menschen im Griff von Begierden können nicht wirklich verspielt sein. Wenn Du verspielt bist, dann gibt es keine Begierde.
- Sei großzügig. Begierde macht Dich habgierig und geizig.
- Wenn Dir klar ist, dass Du nur hier bist um zu geben, dann ist Begierde sublimiert.
- Denke an den Tod.
- Liebe das Göttliche.

Cochin, Indien 3.12.1997

Angst ist Liebe, die auf dem Kopf steht. Alles, was in Begriffen von Liebe gedeutet werden kann, kann auch in Begriffen von Angst gedeutet werden. So kann beispielsweise das Verhalten eines Kindes, das sich an seine Mutter klammert, in beide Richtungen gedeutet werden: Es tut dies aus Liebe oder aus Angst.

Dieser Urinstinkt kann durch das Gewahrsein der göttlichen Liebe vollkommen umgewandelt werden.

Angst ist ein Eindruck aus der Vergangenheit, der in die Zukunft oder die Gegenwart projiziert wird. Wenn Menschen ihre Angst leugnen, werden sie egozentrisch. Wenn sie Angst anerkennen und annehmen, gehen sie darüber hinaus – sie werden frei.
Völlige Abwesenheit von Angst ist nur möglich in äußerstem Chaos oder in äußerster Ordnung. Weder ein Heiliger noch ein Narr hat Angst, aber überall dazwischen gibt es Angst.
Angst ist wesentlich zur Aufrechterhaltung der Ordnung in der Welt. Sie ist ein Urinstinkt.

Angst vor dem Tod bewahrt das Leben. Angst vor dem Falschen bewahrt das Richtige. Angst vor Krankheiten verbessert die Hygiene. Angst vor Elend hält dich rechtschaffen.
Ein Kind hat eine Spur Angst und damit ist es umsichtig und wach, wenn es herumläuft.
Eine Spur von Angst ist nötig, damit alles glatt läuft.

Versuche nicht, Angst zu beseitigen! Meditiere einfach und wisse, dass Du niemand bist – oder dass Du zu jemand Besonderem gehörst.

Rishikesh, Indien 10.4.1997

Immer wenn eine Grenze überschritten wird, entsteht Angst. Die Angst erzeugt Abneigung, und diese Abneigung treibt Dich zurück in Deine Grenzen. Um Dich selbst innerhalb der Grenzen zu halten, erzeugst Du Abwehr. Wenn Du Deine Position zu verteidigen versuchst, musst Du Dich sehr anstrengen. Und jedes Mal, wenn Du Dich dabei anstrengst, wirst Du schwächer. Auf dem spirituellen Weg benutzt manch einer sogar das Wissen als Abwehr. Benutzt das Wissen nicht als Abwehr. Das Wissen ist wie ein Schirm für Euch – ein Schutz, keine Waffe.

Natürlich wird der Ausspruch „Benutze das Wissen nicht als Waffe" manchmal eine Ausrede sein, sich nicht um Wissen zu bemühen.

Ich sage Euch, lasst all Eure Abwehr fallen.
Jeder kann Fehler machen, sogar Du! Verteidige Deine Fehler nicht. Akzeptiere sie einfach und mach weiter. Wenn Du völlig wehrlos bist, genau dann bist Du ganz stark.

Bangalore Ashram, Indien 18.2.1999

Wenn Du einen Fehler korrigieren willst, macht Dich das zum Macher und Macher machen weitere Fehler. Menschen, die versuchen Fehler zu korrigieren, verfangen sich oft in weiteren Fehlern, während die, die ihre Fehler einfach zugeben, von ihnen befreit werden. Wenn man einen Fehler zugibt, versucht man häufig, ihn zu rechtfertigen, ohne die Verantwortung dafür zu übernehmen. Und manchmal gibt man zu, dass man einen Fehler gemacht hat und fühlt sich deshalb schuldig. Fehler fallen von Dir ab, wenn Du unter ihnen leidest und wenn Dein Gewissen Dich plagt. In jeder Handlung, jeder Situation oder jeder Person kann es Fehler oder Makel geben. Betrachte einen Makel so, wie Du eine Blume betrachtest. So wie eine Blume mit der Zeit verwelken muss, so vergeht auch der Makel.

Bangalore Ashram, Indien 2.10.1998

Ein Schüler bat mich: „Bitte vergib mir, dass ich einen Fehler gemacht habe." Warum sollte ich Dir vergeben? Du bittest um Vergebung, weil Du einen Druck spürst und davon befreit werden möchtest, nicht wahr? Lass den Druck bestehen. Der Druck wird dafür sorgen, dass Du nicht immer wieder denselben Fehler machst. Vergebung beseitigt den Druck, und dann machst Du denselben Fehler immer wieder.

Woher weißt Du, dass ein Fehler ein Fehler ist? Ein Fehler ist etwas, das Druck in Dir erzeugt. Es ist der Druck, der das Bewusstsein beeindruckt und eine Wiederholung des Fehlers nicht zulassen wird. Achte auf den Druck und nicht auf die Schuld! Dazwischen ist eine sehr feine Trennlinie.

Schuld entsteht aufgrund einer besonderen Handlung und Druck wegen eines besonderen Geschehens oder Ereignisses.

Du kannst Dich nur schuldig fühlen, wenn Du etwas getan hast und nicht, wenn sich etwas ohne Dein Zutun ereignet hat. Aber was auch geschehen ist, ob durch Dich oder jemand anderen, es kann in Dir einen Druck erzeugen.

Du kannst die Schuld durch Weisheit überwinden, indem Du das Wesen des Geistes und des Bewusstseins erkennst und mit einem erweiterten Blickwinkel auf das Geschehen siehst. Du kannst aus Deinen Fehlern lernen, aber Lernen geschieht auf der Verstandesebene, während Du den Druck auf der Gefühlsebene spürst.
Der Antrieb aus Deinen Gefühlen ist viel stärker als der aus dem Verstand, der Druck wird also eine Wiederholung des Fehlers verhindern. Aber Du kannst nicht allein von Deinen Gefühlen getrieben sein. Der Verstand wirkt wie eine Bremse für die Gefühle.

Fühle den Druck! Der Druck wird ein Bewusstsein dafür schaffen, dass das Geschehene Dein Fassungsvermögen überschritten hat. Dies Bewusstsein bringt Dich zur Ergebung. Ergebung wird Dich von Schuld befreien. Also führen die Entwicklungsschritte vom Druck zum Bewusstwerden, von da zur Ergebung und weiter zur Freiheit.

Bangalore Ashram, Indien 17.2.2000

Gesegnet sind die, die einen Fehler nicht als Fehler ansehen. Es ist schwer, Deine eigenen Fehler nicht zu sehen. Nach außen magst Du Dich rechtfertigen oder Deine Unschuld zu beweisen versuchen, aber ein Fehler verursacht Druck. Rechtfertige Dich nicht. Fühle stattdessen den Druck. Er führt dich aus Deinem Fehler heraus.

Ein Fehler ist etwas, das Dir auf lange Sicht Unglück bringt.
Warum also sollte jemand wissentlich einen Fehler machen?
Wenn Du einen anderen auf einen Fehler hinweist, betrachtest Du ihn dann als von Dir getrennt? Weist Du ihn immer wieder auf den Fehler hin oder gibst Du ihm ein Gefühl von Verbundenheit? Wenn Du jemanden auf einen Fehler hinweist, verstärkst Du dann seinen Druck, oder schärft sich dadurch sein Bewusstsein? Oftmals weist Du einen anderen nicht auf einen Fehler hin, wenn es nötig wäre, aber einen Fehler nicht zu benennen – zur rechten Zeit, am rechten Ort – ist auch ein Fehler.

Wenn Du einen neuen Fehler machst, ist es kein Fehler, sondern Du hast eine wertvolle Lektion gelernt. Aber wenn Du denselben Fehler immer wieder begehst, ist es ein großer Fehler.
Ein Fehler bedeutet einfach, dass Du es versäumt hast, eine Lektion zu lernen, die sich Dir gestellt hat.
Jammere nicht über Deinen Fehler. Lerne aus ihm!

Du wirst nicht nach Deinen Fehlern, sondern nach Deinen Tugenden beurteilt werden. Fehler gehören der Erde an, Tugenden dem Göttlichen.

Nur ein Dummkopf macht immer wieder die gleichen Fehler und lernt nie aus ihnen. Klug ist, wer aus seinen eigenen Fehlern lernt. Am klügsten ist, wer aus den Fehlern anderer lernt.

Singapore 12.2.1998

Einmal machte jemand einen Fehler und Sri Sri fragte ihn: „Wie kann ich Dich bestrafen?“

Er antwortete:
„Bestrafe mich nicht, Guruji,
ich werde den Fehler nicht noch einmal machen.“
Etwas später fragte Sri Sri einen anderen:
„Und wie kann ich Dich bestrafen?“
Mit breitem Lächeln antwortete der:
„Mit jeder Art von Strafe, Guruji.“

Da wandte sich Sri Sri lächelnd zu den anderen und sagte:
„Seht, er vertraut so sehr auf meine Liebe, dass er keine Angst vor einer Strafe hat.“

Wo Liebe ist, gibt es keine Angst.
Fürchte Gottes Strafe nicht, vertraue auf seine Liebe zu Dir.

Bangalore Ashram, Indien 9.9.1999

Wenn ein Gefühl von Nähe da ist, gibt es keine Zweifel. Zweifel brauchen Distanz, um entstehen zu können. Du zweifelst nie an etwas, das Dir lieb, das Dir nahe ist.

Sobald Du daran zweifelst, ist es Dir nicht mehr lieb.
Distanz ist entstanden. Du zweifelst nicht an dem, was Dir gehört, aber Du zweifelst vielleicht an Dir selbst.

Selbstzweifel ist ein Mangel an Nähe zu sich selbst. Die Mittel gegen den Zweifel sind Verbundenheit, Nähe und Intimität.

Rishikesh, Indien 11.3.1999

Zweifel ist eine Grauzone. Grau ist etwas, das weder weiß noch schwarz ist. Zweifeln bedeutet, etwas loswerden zu wollen.
Das ist ein vorübergehender Zustand, in dem Spannung entsteht.
Wie kann man Zweifel ausmerzen? Ein Ereignis, Wissen oder der gesunde Menschenverstand können da nicht helfen.
Was kann helfen?

Nimm das, woran Du zweifelst entweder als schwarz oder als weiß an. Mach es entweder schwarz und nimm es an, oder mach es weiß und nimm es an, ganz gleich, ob es schwarz oder weiß ist oder irgendetwas dazwischen. Sieh das Grau als Farbvariation von Schwarz oder Weiß. Auf beide Arten akzeptierst Du es. Ehrlich oder unehrlich, akzeptiere es. Dann ist der Geist ruhig, und Du bist nicht mehr in der Grauzone.

Nordamerikanisches Zentrum, Montreal, Kanada 20.7.1995

VERWIRRUNG

Entscheidung kommt nur dann ins Spiel, wenn Verwirrung herrscht. Wenn es keine Verwirrung gibt, dann gibt es nichts zu entscheiden. Wenn auf Deinem Tisch ein Stück Holz und ein Keks liegen, entscheidest Du doch nicht darüber, was von beidem Du isst. Entscheidung hat immer mit Wahl zu tun, und Wahl ist immer verwirrend. Alle, die Entscheidungen treffen, sind verwirrt.
Bist Du verwirrt, entschlossen oder glücklich?
Wenn Du verwirrt bist, gibt es keine Freiheit.

Handlung ist nur dann spontan, wenn es keinen Handelnden gibt. In Dir gibt es einen Handelnden und einen Zeugen. Ein Handelnder ist entweder verwirrt oder entschlossen, aber der Zeuge beobachtet nur, lächelt und erkennt, dass die Handlung spontan geschieht.

Je mehr Entscheidungen Du triffst, umso verwirrter bist Du.
Als Ergebnis hiervon pendelst Du zwischen Schmerz und Genuss.
Je mehr der Zeuge in Dir wächst, desto spielerischer und unberührter bist Du. Dann entstehen Vertrauen, Glaube, Liebe und Freude in Dir und um Dich herum.

Hamburg, Deutschland 29.4.1998

Du fragst: „Wozu bin ich hier?“
Ich sage Dir: Finde heraus, wozu Du nicht hier bist.

– Du bist nicht hier, um zu tadeln.
– Du bist nicht hier, um zu weinen.
– Du bist nicht hier, um zu schlafen.
– Du bist nicht hier, um anzugeben.
– Du bist nicht hier, um zu streiten.
– Du bist nicht hier, um Kummer zu haben.
– Du bist nicht hier, um wütend zu sein.
– Du bist nicht hier, um Dich zu sorgen.

Jakarta, Indonesien, 10.4.1996

Wenn ein weltlicher Mensch sich elend fühlt, dann tadelt er die Leute um sich herum, das System und die Welt im allgemeinen. Wenn ein Suchender sich elend fühlt, dann tadelt er natürlich auch die Welt, aber zusätzlich tadelt er den Pfad, das Wissen und sich selbst.

Es ist besser, kein Suchender zu sein, damit Du weniger tadelst. Aber ein Suchender – ein Sadhak – genießt alles auch viel mehr. Wenn es mehr Freude gibt, ist der Kontrast stärker. In seinem Leben gibt es mehr Liebe und mehr Schmerz. Du brauchst eine bestimmte Reife, um die Dinge so zu sehen, wie sie sind und nicht den Pfad, das Selbst und die Welt zu tadeln.

Bangalore Ashram, Indien 26.3.1996

Was machst Du in der Regel, wenn jemand Dich tadelt? Du tadelst ihn auch, oder Du baust einen Widerstand in Dir auf. Wenn Dich jemand tadelt, dann nimmt er etwas negatives Karma von Dir. Wenn Du das verstehst, wirst Du darüber glücklich sein und all Dein Widerstand verschwindet. Und wenn Dein Widerstand fällt, verschwindet Dein Karma.

Wenn Dich also jemand tadelt und Du baust einen Widerstand im Geist auf, dann erlaubst Du ihm nicht, das negative Karma wegzunehmen, selbst wenn Du äußerlich nicht reagierst.

Wenn Du Dich hingegen wehrst, innerlich aber keinen Widerstand aufbaust, wirst Du Dich sofort leichter fühlen.

Wie fühlt es sich für Dich an, wenn Dich jemand tadelt?
Wenn Du Dich schwer, verletzt oder traurig fühlst, ist das die Folge Deines Widerstandes. Wem Du Dich widersetzt, das setzt sich fest: Das ist es!

Ein Unwissender sagt zu Dir: „Tadele mich nicht, weil es mich verletzt." Er warnt Dich, weil es ihn verletzen wird und er sich dann an Dir rächen wird.

Ein Erleuchteter sagt: „Tadele mich nicht, weil es Dich verletzen könnte." Er sagt es aus Mitgefühl.

Braunlage, Deutschland 10.8.1995

Für gewöhnlich bist Du mit Deinem Zorn freigebig und sparsam mit Deinem Lächeln. Solange Du unwissend bist, ist Dein Zorn billig, und Dein Lächeln ist teuer. Im Zustand des Wissens ist ein Lächeln gratis wie Sonne, Luft und Wasser; und Zorn ist äußerst teuer, wie ein Diamant.

Mache Dein Lächeln billiger und Deinen Zorn teurer.

Bangalore Ashram, Indien 25.9.1996

Negativität muss immer einen Aufhänger haben, während Positivität und Glück keinen bestimmten Grund benötigen.

Der Geist sucht sich ständig einen Aufhänger für seine Negativität – wenn nicht diese Person, dann jenes Ding oder jene Person.
Das verewigt Maya. Die Schlingpflanze der Negativität braucht Unterstützung um zu wachsen. Aber Negativität und Abneigung gegen auch nur eine einzige Person können Dir eine Fahrkarte zur Hölle garantieren – mehr brauchst Du dazu gar nicht. Negativität zeigt Dir, dass Du in Deine Mitte gehen und Dein Blickfeld erweitern musst hin zu kosmischer Intelligenz. Schau auf die Saat der Negativität und konzentriere Dich nicht auf den Aufhänger für Deine Negativität.

Durch Meditation, Stille und Sudarshan Kriya wird Deine Negativität im Keime erstickt.

Bangalore Ashram, Indien 9.9.1999

Nimmst Du alles an, was auf Dich zukommt oder widersetzt Du Dich allem? Wenn Du dich nicht widersetzen kannst, kannst Du auch nichts annehmen. Du kannst nicht alles annehmen und Du kannst Dich nicht allem widersetzen.

Du nimmst nicht alle Gedanken an, die Dir in den Sinn kommen. Wenn Du einen Gedanken annimmst, so bedeutet das, dass Du ihn gut findest und danach handelst. Wenn Du jeden Gedanken, der Dir kommt, in die Tat umsetzt, landest Du mit Sicherheit in einer psychiatrischen Klinik oder im Gefängnis. Deshalb widersetzt Du Dich einigen Gedanken oder ignorierst sie, und andere Gedanken nimmst Du an. Du brauchst Unterscheidungsvermögen im Leben.
Das Leben pendelt zwischen annehmen und sich widersetzen. Das Annehmen ist wichtig für Wachstum und Ausdehnung, der Widerstand ist wichtig für die Erhaltung.

Einwand: Aber wem man sich widersetzt, das setzt sich fest.

Wenn Du Dich gegen eine Erkältung wehrst, setzt sie sich dadurch nicht fest. Wenn es keinen Widerstand in Deinem Körper gibt, kannst Du nicht überleben. Dein Körper widersetzt sich vielen Dingen, andere nimmt er an. Wo der Widerstand schwach ist, da setzt sich etwas fest. Ein schwacher Widerstand lässt Widersprüchliches weiter bestehen, ein starker Widerstand fegt Widersprüchliches hinweg. Starker Widerstand macht tapfer, stark und gleichmütig.
Er bringt Dir die Stärke des Kriegers. Nichts kann Dich in Versuchung führen, nichts Dich behindern. Dann siegst Du ohne zu kämpfen. Durch starken Widerstand oder durch völliges Annehmen erreichst Du den Sieg ohne Kampf.

Europäisches Zentrum, Bad Antogast, Deutschland 21.1.1999

Wenn Du in einer harmonischen Umgebung bist, sucht sich Dein Geist oft irgendeinen Grund, einen Streit zu beginnen. Es genügen dann oft kleine Dinge, einen riesigen Aufruhr anzuzetteln.

Wenn um Dich herum Streit herrscht, dann versuchst Du, Harmonie herzustellen.

Frage Dich selbst: Versuchst Du in jeder Situation Harmonie herzustellen oder versuchst Du, Unterschiede zu vergrößern und Deine Rechtschaffenheit zu beweisen?

Wenn Dein Leben auf dem Spiel steht, dann beklagst Du Dich nicht darüber, dass Dich keiner liebt. Nur wenn Du sicher und geschützt bist, beginnst Du, Aufmerksamkeit zu fordern. Viele Leute fangen Streit an, um Aufmerksamkeit zu bekommen.

Die Saat der Negativität und die Streitsucht in Dir können nur durch spirituelle Praxis – Sadhana – beseitigt werden.

Kuala Lumpur, Malaysia 14.11.1996

Sprich nur Wissen! Beteilige Dich nicht an Klatsch und übler Nachrede. Wenn jemand anfängt, Dir negative Dinge zu erzählen, dann hör ihm nicht zu, glaube ihm nicht.

Wenn Dich jemand direkt tadelt, dann glaube es nicht. Aber wisse, dass er dadurch schlechtes Karma von Dir nimmt, und lass es geschehen. Solltest Du einer von denen sein, die dem Meister nahe stehen, dann kannst Du alle Schuld der Welt mit einem Lächeln auf Dich nehmen.

Streit ist das Wesen dieser Welt, Geborgenheit ist das Wesen des Selbst. Suche die Geborgenheit mitten im Streit. Der Versuch, einen Streit zu beenden, verlängert ihn nur. Stelle Dich dem Streit entgegen, indem Du die Geborgenheit des Selbst suchst. Wenn die Geborgenheit Dich langweilt, erfreue Dich an den Spielen der Welt. Wenn die Spiele der Welt Dich langweilen, genieße die Geborgenheit des Selbst. Wenn Du dem Meister nahe stehst, dann machst Du beides gleichzeitig.

Gott ist in dieser Welt lebendig und hat über alle Zeitalter hinweg das ständige Streiten geduldet. Wenn Gott sich mit dem Streiten abfindet, kannst Du es auch. Menschen, die den Frieden lieben, wollen nicht kämpfen, laufen lieber weg, und die Kämpfer lieben den Frieden nicht. Was Du jedoch benötigst, ist, innerlich friedvoll zu sein und dann zu kämpfen.

Das ist die ganze Botschaft der Bhagavad Gita. Krishna fordert Arjuna auf zu kämpfen, aber gleichzeitig innerlich friedvoll zu sein. In dieser Welt beendest Du einen Streit, und der nächste beginnt. Die Konflikte in Russland sind beigelegt, dann beginnen die in Bosnien. Du löst einen, da beginnt auch schon der nächste.
Dein Körper bekommt eine Grippe, dann erholst Du Dich. Danach schmerzt Dein Rücken, dann erholst Du Dich. Dein Körper erholt sich, dann ist Dein Geist hin. So geht es doch auf dieser Welt zu. Ohne irgendeine Absicht gibt es Missverständnisse und Streitigkeiten beginnen. Es ist nicht Deine Aufgabe zu versuchen, sie zu beenden. Beachte sie nicht und sei lebendig.

Toronto, Ontario, Kanada 4.7.1995

Eine bestimmte Art von Menschen ist sanft, weil es ihr an Mut und Stärke fehlt. Diese Menschen leiden sehr und werden letztlich unbeständig und flatterhaft.

Es gibt jedoch andere Menschen, deren Sanftheit aus Reife, Großmut und der Erkenntnis des Selbst kommt. So gibt es auch zwei Arten von Stärke in Menschen: Aggressivität und Bestimmtheit. Manche Menschen sind auf aggressive Art stark – aus Angst oder Schwäche heraus. Andere sind stark oder bestimmt aus Fürsorge, Liebe und Mitgefühl heraus.

Schau in Dich selbst hinein und werde Dir bewusst, von welcher Art Deine Sanftheit und Deine Stärke sind.

Europäisches Zentrum, Bad Antogast, Deutschland 15.4.1998

Aggression und Bestimmtheit verdunkeln die Intuition. Oft neigen empfindsame Menschen dazu, aggressiv zu werden, um sich vor Verletzungen zu schützen. Dadurch verlieren sie den Kontakt mit ihren feinstofflichen Wahrnehmungen und Intuitionen.

Intuition braucht Empfindsamkeit, aber Empfindsamkeit ist oft schmerzhaft. Um Schmerz zu vermeiden, werden sie aggressiv und anmaßend. So verlieren sie ihre intuitiven Fähigkeiten. Intuition liegt nahe bei der Wahrheit. Oft entstehen aus der Vorstellung von Wahrhaftigkeit Aggression und Bestimmtheit. Aggressive Menschen sind von der Richtigkeit ihrer Ansichten überzeugt. Um wahrhaftig zu sein, muss man aber nicht aggressiv oder bestimmt sein.

Vanaprastha Ashram, Rishikesh, Indien 9.3.2000

Gewalt ist laut, während Gewaltlosigkeit in der Stille geschieht. Gewalttätige Menschen machen enorm viel Lärm, sie posaunen ihre Gewalttätigkeit heraus. Gewaltlose Menschen sind still. Aber die Zeit ist gekommen, in der gewaltlose Menschen Lärm machen sollten, damit die Gewalttätigkeit abnimmt. Die Botschaft der Gewaltlosigkeit muss laut und klar verkündet werden, damit jeder sie schon in jungen Jahren hören kann.

Zorn und Gewalt sollten mit einem Gefühl der Scham verbunden sein. Der Grund für Gewalt unter jungen Menschen ist, dass sie sich nicht schämen, zornig und gewalttätig zu sein, sondern sogar stolz darauf sind. Sie meinen, Aggressivität steigere ihr Ansehen, ihren Status. Viele Filme und bestimmte Arten von Musik verherrlichen Aggression und Gewalt, dadurch schwinden die menschlichen Werte. Wir müssen die menschlichen Werte laut und deutlich fördern – vor allem Liebe, Mitgefühl und das Gefühl der Verbundenheit.

Appple Valley, Kalifornien, USA 21.4.1999

Das Leben ist ein Krieg. Ärzte kämpfen gegen Krankheiten. Anwälte kämpfen gegen Ungerechtigkeit. Lehrer kämpfen gegen Unwissenheit. Wenn Du den Kampfeswillen verlierst, kommt die Depression. Arjuna war deprimiert, er wollte nicht kämpfen. Seine Finger zitterten und sein Bogen fiel ihm aus der Hand. Krishna beschwor ihn, aufzuwachen und zu kämpfen. Die Entscheidung zu kämpfen kann Deine Depression hinwegfegen.

Bangalore Ashram, Indien 6.10.1999

Viele Jugendliche sind heutzutage depressiv, weil es zu wenig Idealismus gibt. Das Leben sieht so sinnlos aus für diese Jugendlichen, die entweder zu viel Angst vor unserer Wettbewerbsgesellschaft haben oder durch Überreizung abstumpfen.
Sie brauchen Inspiration – und Spiritualität ist diese Inspiration.

Depression beginnt, wenn Kampfeseifer fehlt. Aggression ist das Gegengift bei Depression. Depression ist Mangel an Energie – Wut und Aggression geben einen Energiestoß.

Als Arjuna bedrückt war, begeisterte ihn Krishna für den Kampf, hauchte ihm damit wieder Leben ein. Wenn Du depressiv bist, nimm kein Antidepressivum, sondern kämpfe für irgendeine Sache. Wenn aber Aggression eine bestimmte Grenze überschreitet, dann führt Dich das zurück in Depression. Genau das geschah, als König Ashoka, der den Kalinga-Krieg gewonnen hatte, depressiv wurde. Er musste bei Buddha Zuflucht suchen. Weise sind die, die weder in Aggression noch in Depression verfallen. Das ist die goldene Regel für einen Yogi. Wache auf und erkenne, dass Du ein Yogi bist!

Indore, Indien 26.11.1999

Tod bringt Dich mit der Realität des Lebens in Berührung. Tod schafft ein Vakuum, eine Leere, und diese Leere ist der fruchtbare Boden, auf dem der Geist sich offenbaren kann. Alle Kreativität, alle Begabungen, alle Erfindungen entspringen der Leere, und die Schöpfung hat die Tendenz, zur Leere zurückzukehren.
Alle Gebetsstätten in allen Religionen sind mit Friedhöfen oder Einäscherungsstätten verbunden, weil nur das Bewusstsein des Todes Leidenschaftslosigkeit bringen und Dich im Wissen erden kann.

Nach der indischen Mythologie wohnt Shiva sowohl auf dem Kailasa-Berg als auch in Smashana. Kailasa bedeutet: wo es nur Feier gibt und Smashana ist die Begräbnisstätte: wo nur Leere ist. So wohnt das Göttliche sowohl in der Leere als auch in der Feier. In Dir ist Leere, in Dir ist Feier.

Rishikesh, Indien 18.11.1999

Wach auf und sieh, dass Dein Leben zu kurz ist. Die Erkenntnis, dass das Leben kurz ist, bringt Dynamik in Dein Leben, unerwünschte Dinge und Ablenkungen werden wegfallen. Wenn Du handeln oder Dich anstrengen musst, wisse, dass das Leben kurz ist. Die Zeit läuft davon.

Was machst Du aus Deinem Leben? Ist es von Nutzen für Dich und die Welt um Dich herum? Erkenne, dass das Leben zu kurz ist. Wenn Dir das klar wird, wirst Du nicht mehr zögern und zaudern. Wenn Du aber weißt, dass es viele Leben gibt, verstehst Du, dass Du das, was Du jetzt nicht bekommst, später bekommen wirst.
Wach auf! Das Leben ist ewig!

Wenn Du die Früchte Deiner Arbeit genießen willst, wisse, dass das Leben ewig ist. Wenn es um Hoffnungen geht, dann solltest Du wissen, dass es viele Leben gibt. Der Unwissende ist voller Ungeduld auf der Jagd nach Ergebnissen. Ungeduld verschwindet, wenn Du weißt, dass das Leben ewig ist. Wenn Du die Erwiderung eines Gefallens oder das Ergebnis einer guten Tat erwartest, möchtest Du, dass es schnell geht.

Wenn Du ein Ergebnis erwartest, wirst Du oft frustriert. Wenn Du in Eile bist, kannst Du nicht genießen. Wisse, dass das Leben ewig ist.

Wenn Dich jemand ausnutzt oder Dir nicht dankt, dann danke ihm, denn er wird es Dir später einmal mit Zinsen zurückzahlen. Es braucht also niemand zu bedauern, dass er ausgenutzt oder nicht genügend geschätzt wird. Wenn es darum geht, die Früchte Deiner Handlungen, guten Taten oder Segnungen zu genießen, wisse, dass das Leben ewig ist.

Santa Barbara, Kalifornien, USA 28.4.1999

Erinnerung macht Dich unglücklich oder weise. Die Erinnerung an Erfahrungen und Ereignisse in der sich ständig ändernden Welt bindet Dich, jedoch die Erinnerung an Dein wahres Wesen befreit Dich.

Gedanken an die ständig sich ändernde Welt – wie gut oder schlecht sie auch sein mag – binden Dich. Gedanken an das unveränderliche Selbst heben das Bewusstsein. Erinnerung an vergangene Ereignisse und weltliche Belange beschränkt die Weite des Selbst. Es kommt nur darauf an, wo Du bist, was Du bist. Wenn Du unwissend bist, dann wegen Deiner Erinnerung. Wenn Du erleuchtet bist, dann wegen Deiner Erinnerung. Das Unendliche zu vergessen macht Dich elend. Das Alltägliche zu vergessen macht Dich glückselig.

Wie werden wir unangenehme Erinnerungen und Begrenzungen los?
Erkenne, dass alle Ereignisse in der Welt vorübergehend sind.
Erkenne, dass vergangene Ereignisse in der Gegenwart nicht mehr existieren. Akzeptiere die Vergangenheit so, wie sie war.
Sei leidenschaftslos und in Deiner Mitte. Diene dem Edlen.
Vermehre Prana – den lebendigen Atem, die Lebenskraft.

Bangalore Ashram, Indien 27.11.1997

Wann fühlst Du Dich elend? Wenn Du Dich vom Selbst entfernt hast. Das wird ashaucha genannt, es bedeutet, Du bist unrein geworden.

In Indien heißt es: Wenn jemand stirbt, werden die nahen Angehörigen zehn Tage lang als ashaucha angesehen, weil sie sehr traurig sind. Sie sind unrein, weil sie sich vom Selbst entfernt haben. Nach zehn Tagen, in denen sie mit dieser Erfahrung leben und die Gita lesen, in denen sie sich mit dem Wissen beschäftigen und sich wieder ins Selbst zurückziehen, werden sie dann wieder als shaucha –rein – angesehen. Sie haben sich von den Unreinheiten befreit, die sie während dieser Ereignisse befleckt hatten.

Das geschieht immer wieder im Leben. Du wirst ashaucha und Du musst wieder zu shaucha zurückkehren. Tauche tiefer ein in Dich selbst, dann ereignet sich wirkliches shaucha. Die Vorteile von shaucha sind Klarheit im Verstand, ein freundliches Gemüt, konzentrierte Aufmerksamkeit, Herrschaft über die Sinne und deshalb die Fähigkeit, das Selbst zu verwirklichen.

Shaucha heißt Desinteresse an den Neigungen Deiner eigenen Sinne. Wenn eine Neigung in Deinem Körper aufsteigt, dann sage einfach zu Dir selbst: „Aha, da kommt also diese altvertraute Neigung wieder hoch. Na komm, ich habe diese Erfahrung doch oft genug gemacht, und immer wieder verlangt mein Körper danach."

Wenn Du dem keine Beachtung schenkst, verändert sich augenblicklich die Situation. Warum streiten Menschen miteinander, die sich sehr lieben und eine innige Beziehung zueinander haben? Ashaucha hat sich ereignet. Wenn Du keinen Widerwillen gegen die Neigungen Deiner Sinne hast, dann wird Widerwille gegen das Objekt der Sinnlichkeit entstehen und Du wirst das Objekt Deiner Begierde dafür beschuldigen. Wenn sich ashaucha ereignet, dann kehre schnell zu shaucha zurück. Angenommen, Du wirst von einem weltlichen Bereich überflutet, dann mach Dir einfach klar, dass das ashaucha ist. „Daran liegt es also, dass ich mich so elend fühle." Dann komme zu shaucha zurück.

Das Verlangen und die Anziehung, die Du spürst, bestehen nur solange Du denkst, dass jemand ein anderer sei. Wenn Du denkst, dass er ein Teil von Dir oder von Deinem Selbst ist, dann stirbt die Anziehung ab. Darum fühlen sich Ehepartner manchmal nicht zueinander hingezogen, sondern zu jemand anderem, weil ihr Partner schon zu einem Teil von ihnen geworden ist. Wenn Du erkennst, dass jeder ein Teil Deines Selbst ist, dann genießt Du die ganze Welt ohne ein Gefühl von Verlangen.

Neu Delhi, Indien 9.11.1995

Wenn Du andere an Deinem Elend teilhaben lässt, wird es nicht kleiner. Wenn Du andere an Deiner Freude nicht teilhaben lässt, wird sie geringer. Teile Deine Probleme nur mit dem Göttlichen, nicht mit irgendeinem anderen, sonst vergrößerst Du nur Deine Probleme. Teile Deine Freude mit jedermann.

Wie können wir Menschen helfen, die uns von ihrem Elend erzählen?

Höre zu und höre nicht zu. Wenn Dein Geist an ihren Problemen hängen bleibt, geht es nicht nur ihnen schlecht, sondern auch Dir.

Honolulu, Hawaii 26.2.1997

Der Geist lebt vom „mehr". Das Elend beginnt mit „mehr und mehr". Durch das Elend wirst Du beschränkt und grob.
Das Selbst ist fein. Um vom Groben zum Feinen zu kommen, gehst Du über die feinste Ebene des Stofflichen, das Atom.
Um Abneigung, Hass, Eifersucht, Anziehung und Verstrickung zu überwinden, musst Du zum Atom gehen. Zum Atom zu gehen bedeutet, ein kleines bisschen von all dem anzunehmen.

Es kann schwierig sein, etwas anzunehmen, was Du nicht magst, aber Du kannst bestimmt ein ganz kleines bisschen davon annehmen – ein Atom. In dem Augenblick, in dem Du dieses eine Atom akzeptierst, wirst Du einen Wandel erkennen. Das muss in einem meditativen Zustand geschehen.

Nimm an, Du liebst jemanden. Du möchtest immer mehr von diesem Menschen, es gibt jedoch keine Erfüllung.
Im Anu Vrat – Gelübde – nimmst Du nur ein Atom dieses Menschen und das genügt, um Dir Erfüllung zu bringen. Obwohl der Fluss riesig ist, reicht ein kleiner Schluck seines Wassers, um Deinen Durst zu löschen. Obwohl die Erde so viel zu essen bietet, stillt ein kleiner Bissen schon Deinen Hunger. Du brauchst immer nur ein kleines bisschen.

Nimm ein kleines bisschen von allem im Leben an,
das wird Dir Erfüllung bringen.

Europäisches Zentrum, Bad Antogast, Deutschland 11.8.1999

Jede Erfahrung bringt Vollendung. Vollendung bedeutet, dass sie zur Leere oder zum Nichts führt. Im Laufe des Lebens wirst Du jede Erfahrung hinter Dir lassen, wenn Du sagst: „Es ist nichts.“
Alles, was vollendet ist, verliert seine Wichtigkeit.
Das heißt, es führt Dich zur Leere – „das ist nichts“.

Es hängt von Deiner Intelligenz ab, wie schnell Du zu diesem Verständnis kommst. Prüfe alles in Deinem Leben und sage: „Das ist nichts.“ Was nach all dem übrigbleibt, ist Liebe, und die ist alles. Wenn „das ist nichts“ nicht aus Wissen hervorgeht, kommt es aus dem Elend. Du kommst entweder aus Wissen oder aus Elend zu dem Punkt „das ist nichts, das ist nichts.“ Du hast die Wahl, wie Du zu diesem Punkt kommst.

Bangalore Ashram, Indien 4.5.2000

Das einzige, woran Du Dich immer wieder erinnern musst, ist, wie viel Glück Du hast. Wenn Du das einmal vergisst, dann wirst Du traurig. Kummer spiegelt Deine negativen Eigenschaften wieder und Dein Festhalten an Deinen positiven Eigenschaften. Wenn Du denkst, Du bist nicht gut genug, tadelst Du Dich selbst und wirst traurig. Wenn Du denkst, Du bist zu gut, tadelst Du die Welt, und auch dann wirst Du traurig. Der Zweck des Kummers ist es, Dich zum Selbst zurückzubringen. Und das Selbst ist vollständige Freude. Jedoch zum Selbst zurückzukommen ist nur durch Wissen möglich – durch Bewusstsein.

Wissen und Bewusstsein führen den Kummer zum Selbst.
Wenn das Wissen fehlt, vervielfacht sich der Kummer und nimmt kein Ende. Wissen setzt dem Kummer ein Ende. Mit der Macht des Wissens überwindest Du den Kummer.

Auf diesem Weg hast Du dieses schöne Wissen, das alle Farben in sich trägt: Weisheit, Lachen, Dienen, Stille, Singen, Tanzen, Scherz, Feste, Yagas, Fürsorge, Beschwerden, Probleme, Verwicklungen und Chaos, um dem Leben Farbe zu verleihen. Das Leben ist so bunt!

Bangalore Ashram, Indien 5.10.1995

Nur aufgrund von Verdienst kannst Du Glauben haben. Wenn Dir der Glaube fehlt, gibt es weder in der inneren noch in der äußeren Welt Glück. Glück entspringt dem Glauben. Glück heißt auch, das Körperbewusstsein zu vergessen. Schmerz und Kummer zeigen Dir an, dass Du am Körperbewusstsein festhältst. Wenn Du glücklich bist, fühlst Du den Körper nicht. Wenn es Dir schlecht geht, hast Du allerlei Schmerz und Pein.

Warum wird dann in der geführten Meditation die Aufmerksamkeit auf verschiedene Körperteile gelenkt?

Damit ein Pfeil vorwärts fliegen kann, musst Du ihn zurückziehen. In gleicher Weise befreit es Dich vom Körperbewusstsein, wenn Du die Aufmerksamkeit in verschiedene Körperteile lenkst.

Neu Delhi, Indien 25.11.1996

Wenn Du unglücklich bist, dann prüfe, ob Dir Tapas (Buße), Vairagya (Leidenschaftslosigkeit) oder Sharanagati (Hingabe) fehlen.

Tapas bedeutet, mit dem Augenblick übereinzustimmen, das vollständige Annehmen von angenehmen und unangenehmen Situationen. Vairagya bedeutet: Ich möchte nichts und ich bin nichts. Sharanagati bedeutet: Ich bin für Dich da, für Deine Freude.

Wenn Du Dich beklagst, dann fehlen sie in Deinem Leben. Wenn Du Deine Lebensumstände annimmst, dann kannst Du nicht nörgeln. Wenn Du sie als Tapas nimmst, wirst Du nicht nörgeln. Wenn Du aus der Einstellung der Leidenschaftslosigkeit kommst – „ich will nichts“ – wirst Du nicht nörgeln. Und wenn Du ergeben bist, wirst Du keine Klagen vorbringen.

Jeder dieser drei Zustände – Buße, Leidenschaftslosigkeit und Hingabe – reinigt Deinen Geist und erfüllt Dich mit Freude. Wenn Du Dich nicht freiwillig um diese drei bemühst, wirst Du es aus Verzweiflung tun. Zuerst wirst Du sagen: „Da kann man nichts machen.“ Dann wirst Du in Wut und Verzweiflung sagen: „Ich gebe auf, ich will nichts mehr, ich habe keine Wahl.“

Marseilles, Frankreich 28.5.1997

Es gibt kein Problem, das nicht gelöst werden kann. Wenn Du ein Problem hast, das Dir unlösbar erscheint, dann hast Du es bereits akzeptiert, dann ist es kein Problem mehr, sondern eine Tatsache.

Nehmen wir an, Du hieltest es für ein Problem, dass das Meer bei Norwegen zu kalt ist. Es ist offensichtlich, dass Du das Meer nicht aufwärmen kannst. Wenn Du es nicht ändern kannst, nimmst Du es hin, und es ist kein Problem mehr. Nur wenn Du nach einer Lösung suchst, gibt es ein Problem, und daher gibt es kein Problem, das nicht gelöst werden könnte. In dem Augenblick, da Du erkennst, dass es keine Lösung gibt, hört das Problem auf, ein Problem zu sein.

Die Lösung ist das Ende von jedem Problem. Lösungen kommen zu Dir, wenn Du ruhig und gesammelt bist, wenn Du Deine Intelligenz nutzt, wenn Du nicht träge, sondern aktiv bist und wenn Du einen festen Glauben an das göttliche Gesetz hast.

Oslo, Norwegen 3.2.2000

Das „Ich“ oder Ego in Dir ist ein winziges Atom. Wenn dieses Atom mit dem Körper, mit Materie verbunden wird, identifiziert es sich mit der Materie. Wenn dieses Atom mit dem Sein, mit dem Unendlichen verbunden wird, identifiziert es sich mit dem Unendlichen.

Wenn dieses Atom, dieses Ego, sich mit der materiellen Welt identifiziert, wird es weltlich. Es wird elend, wenn es sich mit dem Körper identifiziert. Aber wenn es mit dem Geist verbunden ist, wird es göttlich. Es wird zu Shakti – Energie – wenn es mit dem Sein, dem Selbst verbunden ist.

In einem gewaltigen Atomreaktor ist es zunächst nur ein winziges Atom, das zur Explosion gebracht wird.
So ähnlich gibt es in unserem Körper nur ein winziges „Ich“-Atom, und wenn dieses „Ich“ explodiert, dann wird es zum Licht des Selbst.
Üblicherweise sagen wir: „Mir geht es schlecht“ oder:
„Ich bin glücklich.“ Verschiebe dieses Atom von seiner Identifikation mit dem Körper und der Welt Deiner Vorstellungen zur Identifikation mit der wirklichen Welt.

Nordamerikanisches Zentrum, Montreal, Kanada 30.7.1998

Wenn Du dich selber für gut hältst, denkst Du in sehr subtiler Weise schlecht über andere. Dann entstehen Gefühle wie Wut, Eifersucht und Hass.

Wenn Du Dich selber für schlecht hältst, fühlst Du Dich niedergeschlagen, und auch dann wirst Du wütend und hasst andere. Wenn Du gut über Dich selbst denkst, bist Du in Schwierigkeiten, und wenn Du schlecht über Dich selbst denkst, bist Du in noch größeren Schwierigkeiten. Lass also Dein Selbstbild fallen.

Mauritius 7.5.1997

Ego verursacht Schwere, Unbehagen; Ego verhindert, dass die Liebe fließt. Du kannst das Ego hinter Dir lassen, indem Du die Wahrheit erkennst, wenn Du Dich fragst: „Wer bin ich?"

Häufig verachtest oder beneidest Du jemanden, der egoistisch ist. Stattdessen solltest Du Mitgefühl oder sogar Mitleid haben. Es gibt aber auch einen positiven Aspekt des Ego: Ego treibt zur Arbeit an. Man wird zur Arbeit durch Mitgefühl oder durch das Ego motiviert.

In unserer Gesellschaft dient die meiste Arbeit dem Aufblähen des Ego. Im Seva wird die Arbeit aus Liebe getan. Ego ist Getrenntsein, nicht verbunden sein. Es will beweisen und besitzen.
Wenn Du erwachst und siehst, dass es nichts zu beweisen und nichts zu besitzen gibt, löst sich das Ego auf.

Bangalore Ashram, Indien 20. 11. 1997

Es gibt drei Arten von Kommunikation: In der Kommunikation von Kopf zu Kopf sprichst Du, in der Kommunikation von Herz zu Herz singst Du, und die Kommunikation von Seele zu Seele geschieht in der Stille.

Wenn Du in Gesellschaft bist, sprichst und plapperst Du häufig ohne Pause und kommunizierst nur auf der Verstandesebene. Aber wenn Du in der Natur bist, beginnst Du zu singen. Deine Kommunikation mit der Natur kommt aus dem Herzen. Wenn Du beim Meister bist, wirst Du leer und vergisst alle Fragen. Dann – in der Stille – sprechen Seelen zueinander. Wenn Du mit Menschen zusammen bist, bleibst Du lieber auf der Ebene des Verstandes. Du singst selten mit anderen Menschen, es sei denn, es ist organisiert. Dein Ego hindert Dich am Singen. Wenn Du mit anderen singst, dann kommst Du auf die Herzens oder Gefühlsebene. Manche Menschen fühlen sich wohl, wenn sie Musik hören, manche singen am liebsten allein. Und manche singen, um Aufmerksamkeit auf sich zu lenken oder um andere zu bezaubern. Manche möchten nur dann singen, wenn alle anderen mitsingen. All dieses Singen kommt aus dem Ego. Bhajan bedeutet „teilen", teilen auf der tiefsten Ebene unserer Existenz. Bhajan ist echtes Teilen. Wenn Du wahrhaftig mit anderen Menschen zusammen singen kannst, zerspringt Dein Ego. Kinder können mit anderen zusammen singen, da sie noch kein Ego haben.
Um mit einem Fremden zu singen, musst Du frei von Ego sein.

Die Verstandesebene ist für das Ego sicherer Boden, die Herzensebene zerbricht das Ego, die Seelenebene löst das Ego auf.
Die Unfähigkeit zur Kommunikation entsteht immer durch das Ego.

Geilo, Norwegen 19.8.1998

Dein Auto verbraucht Benzin, Du musst es immer wieder auftanken. Genauso verbrauchen sich auch Deine Hingabe und Deine innere Verpflichtung im Laufe der Zeit und müssen immer wieder erneuert werden. Du musst Dich hingeben und immer wieder neu hingeben. Häufig nehmen Menschen ihre Hingabe als selbstverständlich an, und dann beginnt der Geist zu fordern und sich zu beklagen. Unvollständige Hingabe führt zu Beschwerden und Klagen. Vollständige Hingabe bringt riesige Begeisterung, Eifer, Vertrauen und Herausforderung, sie lässt keinen Raum für das Ego.

Wien, Österreich 21.5.1997

Was zerstört Vertrautheit?

- Das Ego
- Einen festen Standpunkt vertreten
- Wünsche und Erwartungen
- Unempfindlichkeit oder Überempfindlichkeit
- Urteile
- Die Vertrautheit als selbstverständlich annehmen
- Unvollkommenheit in sich selbst oder in anderen finden
- Nörgeln oder Mangel an Dankbarkeit
- Mangel an vivek – Unterscheidungsvermögen oder vairagya
- Leidenschaftslosigkeit

Um Vertrautheit zu bewahren, löse Dich in die Unendlichkeit auf.
Das bringt Dich in den jetzigen Augenblick.
Gehe über die Ereignisse hinaus und sei in der Gegenwart.
Löse Dich in Vertrautheit auf. Das ist der Weg, sie zu bewahren.

Bangalore Ashram, Indien 29.11.1995

Akzeptiere und toleriere die Menschen nicht so, wie sie sind. Viele Menschen glauben, Toleranz sei eine Tugend, aber Toleranz ist in Wirklichkeit ein negativer Ausdruck. Wenn Du etwas magst, musst Du es nicht tolerieren. Toleranz weist auf ein tiefes Gefühl der Abneigung hin, das jederzeit zu Hass werden kann. Sie zeigt Trennung, Kleingeistigkeit und begrenztes Bewusstseins an.

Wenn Du etwas tolerierst, heißt das, Du findest Dich vorübergehend damit ab. Toleranz ist ein potenzieller Vulkan. Wenn Du tolerierst, bedeutet das, Du hältst noch an etwas fest. Akzeptanz ist ebenfalls negativ. Du akzeptierst das, was Dir nicht liebenswert erscheint. Toleranz und Akzeptanz gehen mit Urteil und Trennung einher.

Aber sollen wir die Menschen nicht so akzeptieren, wie sie sind?
Wenn Du sie nicht liebst, dann wirst Du sie akzeptieren müssen.
Akzeptiere und toleriere die Menschen nicht, wie sie sind.
Liebe sie einfach, wie sie sind.

Williams Island, USA 21.1.1998

Obwohl Du oft gehört hast „urteile nicht", stellt sich im Alltagsleben doch unvermeidbar ein Urteil ein. Entweder billigst oder missbilligst Du Handlungen und Verhaltensweisen anderer Menschen. Aber denke immer daran, dass sich alles verändert, und halte nicht an Deinem Urteil fest. Sonst verfestigt es sich wie ein Fels. Das bringt Elend über Dich und andere. Wenn ein Urteil flüchtig ist – wie Luft, wie ein Windhauch – bringt es einen Duft mit sich und verfliegt danach. Es kann auch einen fauligen Geruch mit sich bringen, der sich dann aber verflüchtigt. Es sollte nicht für immer bestehen bleiben. Urteile können so subtil sein, dass Du sie nicht einmal bemerkst. Jemanden als urteilend zu bezeichnen, ist auch ein Urteil. Nur im Zustand des Seins, wenn Du voller Liebe und Mitgefühl bist, kannst Du jemals frei von allen Urteilen sein.

Doch die Welt kann sich ohne Urteile nicht weiterdrehen. Bevor Du nicht irgendetwas als gut oder schlecht beurteilt hast, kannst Du nicht handeln. Wenn Du auf dem Markt verdorbene Äpfel siehst, kaufst Du sie nicht. Du kaufst nur gute Äpfel. Wenn Dich jemand zehnmal anlügt, denkst Du beim nächsten Mal, wenn er mit Dir redet, dass es wieder eine Lüge sein könnte. Solche Urteile kommen von selbst. Aber denke daran, dass sich Menschen und Dinge jederzeit ändern können, und halte nicht an Deinen Urteilen fest.

Natürlich musst Du Deine Gesellschaft beurteilen. Deine Gesellschaft kann Dich erheben oder herabziehen. Die Gesellschaft, die Dich in Richtung Zweifel, Entmutigung, Tadel, Klagen, Wut, Täuschung und Wünschen zieht, ist schlechte Gesellschaft. Die Gesellschaft, die Dich in Richtung Freude, Begeisterung, Dienen, Liebe, Vertrauen und Wissen emporhebt, ist gute Gesellschaft. Wenn sich jemand beklagt, dann hörst Du zunächst zu, dann nickst Du, dann hast Du Mitgefühl, dann klagst Du auch. Denke immer daran: Lass nicht zu, dass Deine Urteile sich verfestigen.

Nordamerikanisches Zentrum, Montreal, Kanada 26.6.1996

In Gesellschaft Deiner Freunde verlierst Du Deine innere Sammlung. Dein Feind wirft Dich auf Dich selbst zurück. Dein Freund zeigt Dir sein Mitgefühl und lässt Dich an die Welt glauben.
Dein Feind bewirkt, dass Du Dich hilflos fühlst und bringt Dich zum Geist.
Also ist Dein Feind Dein Freund, und Dein Freund ist Dein Feind!

Rishikesh, Indien 19.3.1997

Es ist Unwissenheit, ein Zweifler zu sein und sich dessen nicht bewusst zu werden. Wenn Du meinst, dass Du ein Zweifler bist, dann bist Du schon keiner mehr. Dann hast Du bereits einen Hinweis auf etwas, das über Deinen Zweifel hinausgeht. In Wirklichkeit kannst Du also niemals wissen, ob Du ein Zweifler bist oder nicht. Ein Zweifler hält an seinen Vorstellungen fest und schließt alle anderen Möglichkeiten aus. Aber diese Schöpfung schließt alle Möglichkeiten in sich ein. Wenn er das versteht, verschwindet die Zweifelsucht. Ein wirklicher Wissenschaftler kann sich niemals leisten, ein Zweifler zu sein, weil die Zweifelsucht Fähigkeiten stilllegt und es ihm nicht ermöglicht, unbekannte Bereiche des Daseins zu untersuchen. Zweifelsucht ist eine Haltung des „Ich weiß alles" und diese Haltung ist unwissenschaftlich. Wahrnehmung und Schlussfolgerung sind zwei Wege zum Wissen zu gelangen, und Wissen vertreibt Zweifel.

Tief im Inneren eines jeden Menschen liegen Glaube und Liebe. Was Du an Zweifelsucht an jemandem wahrnimmst, ist nur eine dünne Schicht. Wenn Du daran festhältst, dass jemand ein Zweifler ist, dann verstärkst Du seine Zweifelsucht. Bestätige nicht jemandes Zweifelsucht und versuche nicht, mit ihm darüber zu diskutieren, da die Auseinandersetzung nur seine Zweifelsucht stärkt.

Die Angst vor Einschränkung der eigenen Freiheit verstärkt den Widerstand und verursacht stärkere Zweifelsucht. Es gibt nichts besseres als Stille und aus dem Herzen heraus zu lächeln, um Zweifelsucht zu zerstreuen. Stille bezeichnet eine Eigenschaft des Bewusstseins und heißt nicht, einfach nur den Mund zu halten.

Kinder kennen keine Zweifelsucht, sie tritt nur bei Menschen auf, die sich in engen Grenzen bewegen. Kinder leben in ihrer Welt der Phantasie, einer Welt vieler Möglichkeiten, einer Welt voller Unschuld, Freude, Schönheit und ganz viel Liebe.

London, England 1.11.1995

Es gibt viele Möglichkeiten, Eifersucht und Neid in Dir zu besiegen:

- Erkenne, dass der Mensch, auf den Du eifersüchtig oder neidisch bist, in der Vergangenheit Gutes getan hat und nun die Früchte davon erntet.
- Nimm es als Anregung, Dir selbst Verdienste zu erwerben.
- Fühle Dich mit dem verbunden, auf den Du neidisch bist. Erkenne, dass er ein Teil von Dir ist.
- Denke an all das, was Du hast und er nicht hat, und sei dankbar dafür. Beobachte einfach Deine Empfindungen.
- Reiche ihm die Hand und sei sein Partner.
- Mache Dir klar, dass im Laufe der Zeit alles verschwindet – Dein Neid und auch das, was Du beneidest.

Und wie geht man mit Eifersucht und Neid anderer Menschen um?

- Denke an alle, die neidisch auf das sind, was Du besitzt und erkenne, dass ihr Neid Dir keine Freude gebracht hat.
- Lobe sie in den höchsten Tönen.
- Sei freundlich zu ihnen, so dass sie sich mit Dir verbunden fühlen.
- Erkenne, dass alle Gefühle vorübergehen.
- Das Beste ist, ihre Eifersucht oder ihren Neid gar nicht zu beachten. Wenn Du ein Gefühl als Wirklichkeit ansiehst, wächst dadurch nur Deine Unwissenheit.
- Wisse, dass Gefühle und Empfindungen wie vorüberziehende Wolken sind.
- Prahle anderen gegenüber nicht mit Deinen Talenten.
- Erkenne, dass sie alle Marionetten sind. Sie werden alle verderben wie Äpfel oder Tomaten – sie haben nur eine etwas längere Haltbarkeit.
- Wenn das alles nicht hilft, geh einfach schlafen.

Europäisches Zentrum, Bad Antogast, Deutschland 4.8.1999

Eine Kränkung schwächt Dich nicht, sie stärkt Dich! Wenn Du ein Gefühl von Verbundenheit hast, kannst Du Dich nicht gekränkt fühlen. Je selbstsüchtiger Du bist, desto leichter wirst Du gekränkt. Wenn Du kindlich bist und Dich allen verwandt fühlst, dann kannst Du nicht so leicht gekränkt werden. Wenn Du der Wahrheit und nicht Deinem Ego verpflichtet bist, dann fühlst Du Dich auch nicht gekränkt.

Wenn Du Angst vor Kränkung hast, dann kannst Du weder in Deinem materiellen noch in Deinem spirituellen Leben Fortschritte machen. Wenn Du über der Kränkung stehst, kommst Du dem Selbst näher – Gott näher. Wenn Du in Liebe getaucht bist, ins Dasein, ins Göttliche, kann Dich überhaupt nichts mehr kränken. Der Weg aus der Kränkung ist also: Gekränkt werden, kindlich sein, verrückt sein, in Liebe zum Göttlichen getaucht werden, vollständig der Wahrheit, dem Wissen verpflichtet sein.

Nordamerikanisches Zentrum, Montreal, Kanada 27.6.2000

Was tust Du, wenn jemand grob und frech zu Dir ist?

- Du regst Dich auf.
- Du antwortest ebenso grob.
- Du bist frustriert.
- Du läufst vor diesem Menschen weg und vermeidest zukünftig ähnliche Situationen.
- Du tadelst ihn.
- Du hältst ihm eine Predigt.

Keine dieser Verhaltensweisen wird Dich in irgendeiner Weise stärken. Welche Möglichkeiten hast Du dann? Sieh grobes Verhalten anderer Leute in einem anderen Licht:

- Es zeigt, wie engagiert dieser Mensch ist.
- Es zeigt, wieviel Stress und wie wenig Einfühlungsvermögen er hat.
- Es sagt etwas über seine Erziehung aus.
- Es zeigt ein durchgehendes Verhaltensmuster.
- Es zeigt Mangel an Wissen.
- Es zeigt Mangel an Beobachtung des eigenen Geistes und der Empfindungen.
- Es zeigt Dir ein Verhalten, das Du vermeiden solltest.
- Es ist eine Gelegenheit für Dich, Grobheit willkommen zu heißen und sie anzunehmen.
- Es stärkt Deinen Geist.
- Es macht die Liebe, die Du bist, bedingungslos.

Wenn jemand das nächste Mal grob zu Dir ist, rege Dich nicht auf.
Antworte mit einem breiten Lächeln.
Wenn Du die Grobheit verdauen kannst, kann Dich überhaupt nichts erschüttern.

Thiruvananthapuram, Kerala, Indien 5.12.1996

Lass Dich durch Politik nicht von Deinem Weg abbringen. Wenn Du Angst vor Politik hast, kannst Du im spirituellen Bereich nicht erfolgreich sein. Du musst die Hürde der Politik überspringen. Es ist ein Test für Deine Stärke, Deinen Einsatz und Deine Konzentration.

Du kannst Politik nicht vermeiden, aber Du kannst entscheiden, ob sie sich in Deinem Geist einnistet oder nicht. Es gab Politik unter den zwölf Aposteln, es gab Politik in Buddhas Gefolgschaft. Krishna steckte von Kopf bis Fuß in Politik. Und Du sagst, Du möchtest mit Politik nichts zu tun haben? Je größer Deine Abneigung ist, desto mehr wird sie Deinen Geist beschäftigen. Wenn Du Politik in irgendeiner Gruppe erkennst, ist das ein Segen für Dich, eine Gelegenheit, Dich zu sammeln und nach innen zu gehen. Du kannst das tun, ohne die Gruppe zu tadeln, ohne davonzulaufen, ohne aufzugeben. Es kann Deine Fähigkeit verbessern, zu handeln ohne verwickelt zu werden.
Es bringt viele Vorteile, wenn man sich mit Politik beschäftigt:

- Sie bringt die Vielfalt der Menschen zum Vorschein.
- Sie zeigt Dir unterschiedliche Gesichtspunkte, Zugänge und Neigungen.
- Sie steigert Deine Fähigkeit zu kommunizieren und zu handeln.
- Sie bringt innere Sammlung und Leidenschaftslosigkeit.
- Sie rüttelt Dich auf und lässt Dich das Wissen anwenden.
- Sie vergrößert Deine Fähigkeit anzunehmen und zu tolerieren.
- Sie lässt Dich erkennen, dass das ganze Leben ein Spiel ist.

Überquere die Schwelle der Politik und komme zum Göttlichen.
Der Starke wird inmitten der Politik lächeln, und der Schwache wird klagen.

Paramaibo, Surinam 14.1.1998

Ein lieber Mensch, dem du vertraust, belügt Dich und wird dabei ertappt. Welche Gefühle hast Du dann? Traurigkeit, Wut, Verstimmung, Enttäuschung, Mitleid, Respektverlust, Staunen, Erschütterung, Verlegenheit?

Als mich kürzlich jemand belog, war ich beglückt und fühlte mehr Liebe, denn er war kein guter Lügner. Wäre er ein guter Lügner gewesen, wäre er nicht ertappt worden. Er war so harmlos, dass er noch nicht einmal ordentlich lügen konnte. Wäre er nicht ertappt worden, wie würdest Du dann wissen, dass er ein Lügner war?
Du siehst also: Du kannst nie wissen, ob jemand ein guter Lügner ist. Derjenige, den Du einen Lügner nennst, ist kein guter Lügner, er ist harmlos. Wenn Dich jemand anlügt, brauchst Du also nicht die oben aufgezählten emotionalen Turnübungen zu machen.
Werde stattdessen weich und löse Dich in Liebe auf.

Bangalore Ashram, Indien 6.9.1995

Warum achtest Du jemanden?
Du achtest ihn wegen seiner guten Qualitäten wie Ehrlichkeit, Weisheit, Liebe, Begabungen. Aber die ändern sich mit der Zeit. Und wenn sie das tun, dann verlierst Du die Achtung. Du achtest nur Großartigkeit. Ich habe gewaltige Achtung vor jedem einzelnen von Euch, nicht vor Eurer Großartigkeit, Weisheit oder Begabung, sondern vor dem Menschen an sich. Ich achte jeden ganz und gar. Deshalb kann ich nie die Achtung vor irgend jemand verlieren, ganz gleich wie er sein mag.

Jemand muss nicht bedeutend sein, um geachtet zu werden. Das Leben zu achten macht Dich bedeutend. Erwarte keine Achtung von anderen, das schwächt Dich. Habe Achtung vor dem Selbst, und niemand kann Dir Deine Selbstachtung nehmen.

Bangalore Ashram, Indien 29.2.1996

Wenn Dich jemand achtet, so nicht deshalb, weil Du irgendwelche Tugenden besitzt, sondern weil dieser Jemand großzügig und großmütig ist. Wenn Du sagst: „Gott ist groß", macht das Dich groß. Gott ist ohnehin groß, und dass Du es aussprichst, beeinflusst Gott nicht. Wenn Du jemanden achtest, zeigt das Deine eigene Großmut. Je weniger Menschen auf der Welt Du achtest, desto geringer ist Dein Reichtum. Wenn Du jeden achtest, ist Dein Reichtum enorm. Weise ist derjenige, der jeden achtet.

Aber wie kann man einen Terroristen achten?
Du musst auch einen Terroristen achten, denn er zeigt Dir auf seine eigenen Kosten den richtigen Weg. Achtung zu haben ist eine Eigenschaft verfeinerten Bewusstseins.

Achtung vor dem Selbst ist Glaube, und Glaube bedeutet, offen zu sein.

Bangalore Ashram, Indien 18.2.1998

Achte jeden Menschen so, wie Du mich achtest, aber erwarte nicht von jedem, was Du von mir erwartest. Du machst es gewöhnlich umgekehrt. Du achtest andere Menschen nicht so, wie du mich achtest, aber Du erwartest von anderen, dass sie Dir Freude bereiten und sich ideal verhalten. Wenn sie Deinen Erwartungen nicht entsprechen, bist Du enttäuscht und tadelst oder verfluchst sie. Indem Du verfluchst, verlierst du Deine spirituelle Energie. Segnen steigert Deine spirituelle Energie.

Die Welt ist voller Unterschiede. Auseinandersetzungen sind unvermeidlich. Geh Deinen Weg geschickt – mit Ausdauer, Geduld und Weisheit. Dummköpfe, mit denen Du zu tun hast, werden Dich weiser machen. Die Anzahl der Dummköpfe um Dich herum zeigt an, wie stark Deine innere Sammlung ist. Versuche nicht, Dummköpfe loszuwerden! Wenn Du nicht in Deiner Mitte bist, wirst Du keine Geduld haben, sie zu ertragen. Wenn Du vollkommen im Selbst ruhst, wirst Du feststellen, dass Dummköpfe Dir Weisheit geben. Sie sind Dein eigenes Spiegelbild, es gibt keinen „anderen".
Dummköpfe bieten Dir Enttäuschung oder Weisheit.
Du hast die Wahl.

Europäisches Zentrum, Bad Antogast, Deutschland 17.7.1996

Danke denen, die Dich nicht respektieren. Sie haben Dir Freiheit geschenkt. Wenn Menschen Dich respektieren, nehmen sie Dir häufig Deine Freiheit. Sie erwarten dann, dass Du sie anlächelst, sie anerkennst, mit ihnen in einer bestimmten Weise umgehst. Wenn sie Dich nicht respektieren, bist Du nicht verpflichtet, ihre Fragen zu beantworten, und Du kannst alle Förmlichkeiten fallen lassen, Du kannst ganz natürlich lächeln oder die Stirn runzeln, kannst ganz Du selbst sein. Wenn Menschen Dich lieben und achten, fühlst Du Dich verpflichtet, ihre Höflichkeiten zu erwidern, weil Du sie nicht verletzen möchtest. Wenn sie Dich nicht achten und lieben, werden sie durch Deine Worte und Taten nicht verletzt.
Daher befreien sie Dich.

Respekt erlangst Du häufig auf Kosten Deiner Freiheit.
Es ist weise, Freiheit an die erste Stelle zu setzen und sich nicht um Respekt zu kümmern.

Wirklich frei zu sein bedeutet nicht, gleichgültig anderen gegenüber zu sein.
Wahre Freiheit ist Leichtigkeit von innen heraus, ein echtes Lächeln, keinerlei Steifheit. Freiheit wird dich nicht überheblich machen.
Wahre Liebe erblüht nur in solcher Freiheit.
Und wenn Du wahre Liebe hast, folgt Dir Respekt von allein.

Europäisches Zentrum, Bad Antogast, Deutschland 30.7.1997

Ein reifer, vollständiger Geist ist treu. Treue ist ein Zeichen für ungeteiltes Bewusstsein und einen reichen Geist. Der Geist ist untreu, fiebrig und opportunistisch, wenn er nicht vollständig ist. Untreue entsteht aus Opportunismus, und Opportunismus ist Kurzsichtigkeit in Bezug auf das eigene Schicksal. Integrität und Ganzheit sind wesentliche Voraussetzungen für Deine Gesundheit.
Ein geteilter Geist wird allmählich zu Schizophrenie und anderen geistigen und körperlichen Störungen führen. Treue ist wahre Stärke und wird auf lange Sicht die Unterstützung der Natur haben. Angst und Ehrgeiz hindern Dich daran, treu zu sein. Treue benötigst Du sowohl auf der materiellen als auch auf der spirituellen Ebene.
Treue ist notwendig, um eine Institution, Gruppe oder Gesellschaft zu schaffen, aufrechtzuerhalten oder aufzulösen.

Treue bedeutet, an die Kontinuität innerer Verpflichtung zu glauben. Die innere Verpflichtung zu ehren, ist Treue. Sie führt Dich über die Polarität von Verlangen und Abneigung hinaus.
Verantwortungsgefühl, Hingabe und innere Verpflichtung sind die Glieder der Treue.

Ein treuer Geist ist ein „Ja"-Geist. Der Zweck des Fragens ist es, eine Antwort zu bekommen. Der Zweck aller Antworten ist, ein „Ja" zu erzeugen. „Ja" ist eine Anerkennung des Wissens. Der „Ja"-Geist ist ruhig, ganzheitlich und voller Freude. Der „Nein"-Geist ist aufgeregt, zweifelnd und unglücklich. Treue beginnt mit einem „Ja"-Geist und stirbt in einem „Nein"-Geist.

Europäisches Zentrum, Bad Antogast, Deutschland 4.8.1998

Wenn Du jemanden lobst, lobst Du oft im Vergleich zu jemand anderem. Um einen Menschen zu loben, ziehen wir oft einen anderen herab, und wenn wir auf den Fehler eines Menschen hinweisen wollen, loben wir einen anderen.

Manche loben zu wenig, andere sind zu schüchtern um zu loben. Wieder andere sind einfach nicht daran gewöhnt zu loben und vergessen es. Einige haben einen bestimmten Grund zu loben, andere loben einfach um zu erheben. Viele loben sich selbst, um darüber hinwegzutäuschen, welch niedrige Selbstachtung sie haben. Aber das wirkliche Lob erwächst aus einem erblühten Bewusstseinszustand.

Das Lob, das aus einem höheren Bewusstseinszustand kommt, ist ganz anders. Gewöhnlich kommt Lob aus Verlangen und Stolz. Das Lob aus einem höheren Bewusstseinszustand kommt immer aus Erfüllung. Loben kann das Bewusstsein heben, begeistern und stärken. Gleichzeitig kann es auch hochmütig machen. Loben ist eine Kunst. Kannst Du Lob annehmen, ohne schüchtern zurückzuschrecken? Lob ohne Schüchternheit anzunehmen ist auch eine Kunst.

Auf dem Weg zum Hauptbahnhof Bangalore, Indien 24.2.2000

Wann schätzt Du jemanden besonders? Wenn er etwas Außergewöhnliches tut, etwas Ungewöhnliches, etwas, das nicht in seiner Natur liegt.

Wenn ein boshafter Mensch einmal keine Probleme macht, dann schätzt Du ihn. Oder wenn jemand, den Du nicht für sozial hältst, ein gutes Werk tut, schätzt Du ihn. Wenn ein guter Mensch etwas Außergewöhnliches tut, dann schätzt Du ihn. Wenn Dir ein Kind eine Tasse Tee zubereitet, dann schätzt Du es sehr, aber wenn seine Mutter die gleiche Tasse Tee gemacht hätte, würdest Du das nicht besonders würdigen, weil das für sie etwas ganz Normales ist. Ebenso schätzt Du es, wenn Dich ein Fremder im Auto mitnimmt, aber wenn es ein Taxifahrer ist, wirst Du es nicht unbedingt besonders schätzen.

In all diesen Fällen sind die Handlungen, die Du lobst, zeitlich begrenzt, sie entsprechen nicht dem Charakter oder dem Wesen dieses Menschen. Wenn Du also jemanden aus einem bestimmten Grunde schätzt, dann unterstellst Du damit, dass er normalerweise nicht so handeln würde. Frage: Was ist, wenn Menschen Anerkennung suchen? Das bedeutet, dass ihr Handeln nicht ihrem Wesen entspricht, und sie deshalb gewürdigt werden wollen. Wenn eine Handlung nicht natürlich ist, dann ist sie aufgesetzt.

Wenn Du also einen Menschen schätzt, dann unterstellst Du gleichzeitig, dass er nur selten so ist oder handelt wie gerade jetzt, dass er normalerweise anders ist. Wertschätzung beinhaltet ein Gefühl von Getrenntsein und Distanz, also sei vorsichtig, wenn Du jemanden schätzt!

Vancouver, Kanada 28.10.1998

Jemandem zu danken unterstellt ein Getrenntsein. Danken bedeutet, dass es zwei gibt. Wenn Du zutiefst dankbar bist bedeutet das, dass Du die Trennung tief spürst. Tief im Inneren ist es unnötig zu danken, da es nur Einheit gibt. Aber oberflächlich kannst Du danken. Dank ist wie kleine Wellen auf der Oberfläche des Wassers.

Wenn Du „danke“ sagst, beendest Du etwas. Du beendest ein Geschäft, eine Beziehung, einen Prozess. „Danke“ ist wie „leb wohl“. Du kannst auf einer oberflächlichen Ebene alle Geschäfte beenden, aber weiter innen gibt es nur Einheit.

Auf der tiefsten Ebene hat Dank keine Bedeutung. Bedankt sich die eine Hand bei der anderen? Je tiefer Du gehst, umso klarer siehst Du, dass es keinen „anderen“ gibt, dem Du danken müsstest.

Seattle, Washington, U.S.A 14.7.1999

Heute ist ein Geschenk Gottes (englisch: present), deshalb wird es Gegenwart (englisch: present) genannt. Bist Du dankbar? Wenn Du dankbar bist, dann gehörst Du nicht zu mir. Wenn Dir jemand etwas gibt, bist Du dankbar, und das heißt, Du fühlst Dich von ihm getrennt. Du bist doch nicht Dir selbst dankbar!

Du kannst Dankbarkeit nicht ganz vermeiden, aber wenn Du über die Dankbarkeit hinausgehst, dann entsteht Einheit. Kein „Ich" und kein „Du" bleiben übrig. Du bist dann ein Wesen mit tausend Köpfen und zweitausend Armen, aber mit einem Herzen.
Auf dem spirituellen Weg musst Du dankbar sein, aber Du musst über die Dankbarkeit hinauskommen.

Kleine Kinder sind nicht dankbar, solange sie sich nicht getrennt fühlen. Sie nehmen alles als gegeben hin. Man dankt auch nicht der eigenen Hand, mit der man isst. Höre lieber damit auf, dankbar zu sein.

Wenn Du dankbar bist, dann bist Du der Mittelpunkt – Du fühlst Dich wichtig. Wenn Du Gott dafür dankbar bist, etwas Wertvolles erhalten zu haben, z.B. Dein Augenlicht, wer ist dann wichtig – Du oder Gott? Du! Deine Dankbarkeit zeigt Dein Ego an.

Europäisches Zentrum, Bad Antogast, Deutschland 31.7.1996

Gott ist ganz Fülle und Überfluss, und wir sind alle mit Gott verbunden. Warum leben wir dann im Mangel? Warum haben einige etwas und andere haben nichts?

Ist es nur das Geld, um das Du Dich sorgst? Du hast im Überfluss, und doch lebst Du gleichzeitig im Mangel. Wie kann beides wahr sein? Wie kannst Du verschuldet sein und gleichzeitig im Überfluss leben? Wenn Du sagst, dass Du verschuldet bist, dann heißt das: Du hast etwas erhalten. Wie kannst Du sonst Schulden haben? Sei also dankbar dafür, dass Du verschuldet bist, weil das heißt, dass Du etwas bekommen hast. Die erhalten haben, sollten sich in der Schuld fühlen. Wenn Du Dich nicht verschuldet fühlst, kannst Du keinen Überfluss haben. Je mehr Du Dich verschuldet fühlst, desto größer ist Dein Überfluss.

Fühle Dich verschuldet. Fühle Dankbarkeit. Dann kommt Überfluss.

Solange Du nach Überfluss verlangst, versinkst Du tiefer in Schulden. Wenn Du Verschuldung und Dankbarkeit fühlst, dann kommt Überfluss zu Dir.

Überfluss und Verschuldung bestehen nebeneinander. Du denkst, Du seist verschuldet, aber das stimmt nicht wirklich. Dennoch ist es besser, sich verschuldet zu fühlen, weil nichts, was Du hast, wirklich Dir gehört, nicht einmal Dein Körper. Fühle Dich unendlich verschuldet in Bezug auf Deinen Körper, das Wissen, Dein eigenes Leben und die Dinge, die Du erhalten hast; dann wirst Du im Überfluss des Schöpfers baden.

Miami Beach, Florida, USA 8.2.1996

Tugenden können nicht angezüchtet werden. Du musst davon ausgehen, dass sie da sind. In der Bhagavad Gita sagte Krishna zu Arjuna: „Gräme Dich nicht, Du bist mit Tugenden geboren."

Der Sucher sollte daran denken, dass er mit Tugenden geboren ist, sonst könnte er kein Sucher sein. Wenn Du denkst, Du hättest keine Tugenden und dann versuchst, sie anzutrainieren, wird es Dir nicht gelingen.

Du vergleichst Deine Tugenden mit denen anderer. Vergleiche Dich nicht mit irgend jemandem. Erkenne einfach all die Tugenden an, die Du bei anderen schätzt, und mache Dir klar, dass sie schon als Same in Dir keimen. Du musst sie nur nähren.

Lake Tahoe, Kalifornien, USA 19.7.2000

Tugenden musst Du üben bis sie zu Deinem Wesen gehören. Du solltest nicht aufhören, Mitgefühl und Meditation zu üben bis Du erkennst, dass sie Dein eigentliches Wesen sind. Eine Handlung ist nicht makellos, wenn Du ein bestimmtes Ergebnis erwartest. Wenn Du etwas tust, das Ausdruck Deines Wesens ist, hängst Du nicht am Ergebnis, sondern Du tust es einfach. Eine Handlung, die aus Deinem Wesen entsteht, ist weder ermüdend noch frustrierend.

So wird beispielsweise die tägliche Routine wie Zähneputzen oder Duschen nicht einmal mehr als Handlung betrachtet, weil sie so stark in Dein Leben integriert ist. Du tust dies alles ganz selbstverständlich. Wenn Seva zu einem Teil Deiner Natur wird, geschieht es ganz selbstverständlich. Weise Menschen setzen ihre Übungen als Beispiel für andere fort, auch wenn sie selbst keinerlei Übungen mehr brauchen.

Wann erkenne ich, dass Mitgefühl, Meditation und Seva meine Natur sind?
Wenn Du nicht ohne sie leben kannst.

Bangalore Ashram, Indien 17.9.1998

Empfindsame Menschen sind oft schwach. Diejenigen, die sich stark fühlen, sind oft unsensibel. Manche Menschen sind in Bezug auf sich selbst empfindlich, jedoch gefühllos anderen gegenüber. Einige haben Gefühl für andere, jedoch nicht für sich selbst. Menschen, die nur in Bezug auf sich selbst empfindlich sind, beschuldigen oft andere. Wer nur bei anderen einfühlsam ist, hat am Ende häufig Selbstmitleid. Einige kommen zu dem Schluss, dass es besser sei, nicht sensibel zu sein. Deshalb verschließen sie sich. Aber wenn Du nicht sensibel bist, verlierst Du all die feineren Dinge im Leben: Intuition, Liebe, Freude.

Dieser Weg hier und dieses Wissen machen Dich zugleich sensibel und stark. Menschen, die unsensibel sind, erkennen oft ihren Mangel an Sensibilität nicht. Und die Empfindsamen erkennen nicht, dass ihre Empfindsamkeit ihre Stärke ist. Empfindsamkeit ist Intuition; Empfindsamkeit ist Mitgefühl; Empfindsamkeit ist Liebe; Empfindsamkeit ist wahre Stärke. Stärke ist Ruhe, Ausdauer, Stille, Gelassenheit, Zuversicht, Vertrauen - und ein Lächeln.
Sei empfindsam und stark.

Nordamerikanisches Zentrum, Montreal, Kanada 18.6.1997

Es gibt zwei Arten von Mitgefühl: Das Mitgefühl des Weisen und das Mitgefühl des Unwissenden.

Ein unwissender Mensch, der Mitgefühl hat, möchte Krankheit und Leid lindern. Er wünscht sich einen Erfolg seiner Hilfe.
Ein weiser Mensch hat Mitgefühl mit der Unwissenheit – er möchte die Ursache für Krankheit und Leid abschaffen.

Mitgefühl für Leiden ist ein Zeichen von Unwissen. Leiden entsteht durch Karma, und wenn Du an Karma glaubst, wie kann es dann Mitleid geben? Du erntest die Früchte Deiner Taten. Wenn Richter Mitleid mit allen Gesetzesbrechern hätten, dann wären die Gefängnisse leer. Sind Richter also grausam zu den Gesetzesbrechern? Nein, Richter haben Mitgefühl wegen des Unwissens, das sie erkennen, nicht wegen des Leidens der Kriminellen. Es ist deren Karma.

Oft denken Menschen, dass Mitgefühl eine Tat, eine Handlung wäre. Erkenne, dass Mitgefühl Dein wahres Wesen ist. Dann wirst Du sehen, dass Karma und Mitgefühl sich nicht widersprechen, sondern sich gegenseitig ergänzen.

Bangalore Ashram, Indien 15.9.1999

Einiges Karma kann verändert werden und anderes nicht. Wenn Du einen Nachtisch zubereitest und zu wenig Zucker oder Butter darin ist, dann kannst Du noch etwas hinzufügen. Auch wenn von einer Zutat zuviel darin ist, kannst Du noch alles ausgleichen. Aber wenn der Nachtisch erst einmal gekocht ist, dann kann er nicht mehr zurückverwandelt werden. Sauermilch kann nicht wieder in Milch zurückverwandelt werden.

Prabdha Karma kann nicht verändert werden. Sanchita Karma kann durch spirituelle Übungen verändert werden. Satsang verbrennt die Saat allen negativen Karmas. Wenn Du jemanden lobst, übernimmst Du gutes Karma von ihm. Wenn Du jemanden tadelst, übernimmst Du schlechtes Karma von ihm.

Erkenne dies und gib gutes wie schlechtes Karma dem Göttlichen hin und sei frei.

Kalifornien, USA 29.6.1995

Die Wege des Karma sind seltsam. Je mehr Du davon verstehst, desto mehr staunst Du. Karma bringt Menschen zusammen und trennt sie. Es lässt einige schwach, andere stark sein. Es macht einige reich und andere arm. Aller Streit in der Welt, welcher Art auch immer, kommt aus der Bindung durch das Karma. Es durchkreuzt alle Logik und alles Verstehen. Dieses Wissen wird dich erheben und verhindern, dass Du an Ereignissen oder Personen hängen bleibst. Es wird Dir auf Deiner Reise zum Selbst helfen.

Nur menschliches Leben hat die Fähigkeit, frei von Karma zu sein. Und nur ein paar Tausende streben danach, frei davon zu werden. Taten können Karma nicht beseitigen.

Nur durch Gnade kann die Fessel des Karma verbrannt werden.

Bangalore Ashram, Indien 24.4.1996

ERBARMEN

Erbarmen zeugt von einem Mangel an Nähe, von einem Abstand, einem Mangel an Verbundenheit. Du hast kein Erbarmen mit Deinen Lieben. Du hörst nie Eltern sagen: „Ich habe Erbarmen mit meinen Kindern." Du hast Erbarmen mit denen, von denen Du meinst, dass sie nicht zu Dir gehören. Erbarmen enthält das Potenzial von Zorn, Urteil und Autorität. Wenn Du um Erbarmen bittest, bist Du egozentrisch. Du möchtest von dem Gesetz von Ursache und Wirkung ausgenommen werden. Das zeigt auch einen Mangel an Mut und Tapferkeit.

Zu gewissen Zeiten ist Erbarmen ein Hemmnis für Wachstum. Erbarmen bringt natürlich Trost und Erleichterung, aber es kann den Prozess der Transformation behindern. Wenn die welkenden Blätter eines Baumes um Erbarmen bäten, nicht fallen müssten, nicht transformiert würden, was geschähe dann mit dem Baum?

Du bittest nur um Erbarmen, wenn Du einen Fehler begangen hast und denkst, dass Gott Dir böse ist und dich verurteilt. Das ist der kleine Geist, der seine Vorstellungen auf den Göttlichen Geist überträgt. Das Göttliche weiß und liebt alles. Da ist kein Platz für Erbarmen. Wenn Du den Prozess der Schöpfung kennst und ihm vertraust, dann wirst Du Dich einfach freuen.

Weißt Du, dass ich erbarmungslos bin?
Wo Nähe ist, da bleibt kein Raum für Erbarmen.

Highway 25 zwischen Boulder und Denver, Colorado, USA 23.7.1998

Wenn sehr viel Liebe in Dir ist, übernimmst Du die volle Verantwortung für jedes Missverständnis. Einen Augenblick lang magst Du erschrecken. Aber wenn Du den Schrecken nicht in Deinem Herzen fühlst, erreichst Du völliges Verständnis. Dann bist Du in einem Zustand, in dem alle Probleme und Meinungsverschiedenheiten bedeutungslos werden und nur Liebe durchscheint.

Üblicherweise bleiben wir in unseren Meinungsverschiedenheiten stecken, weil wir die Einsicht in uns selbst verloren haben.
Im Namen der Liebe versuchen wir andere Menschen zu beeinflussen und zu kontrollieren. Natürlich wollen wir, dass der Mensch, den wir lieben, vollkommen ist.

Von einem Berggipfel aus kannst Du Bodenwellen im Tal nicht erkennen. Vom Flugzeug aus gesehen ist die Erde ganz eben.
Genauso siehst Du von einem höheren Bewusstseinszustand aus die Unebenheiten in den anderen nicht. Wieder auf dem Boden gelandet siehst Du die Unebenheiten und Löcher. Wenn Du die Löcher auffüllen willst, musst Du sie Dir zuerst anschauen.
Du kannst nicht einen Acker pflügen, ohne auf die Unebenheiten des Geländes zu achten, ohne einzuebnen und Steine aus dem Acker zu entfernen.

Deshalb siehst Du Fehler in einem Menschen, den Du liebst, dem Du nahe bist. Aber wenn Du Fehler in ihm findest, wird dadurch die Liebe oft zerstört, und Du läufst davon, anstatt dabei zu helfen, die Löcher zu füllen. Wenn Du einen Menschen liebst und seine Fehler siehst, bleib bei ihm, und hilf ihm, die Unebenheiten zu glätten.
Das ist Weisheit.

Bangalore Ashram, Indien 12.2.1999

Warum liebst Du jemanden? Wegen bestimmter Eigenschaften oder wegen eines Gefühls geistiger Verwandtschaft und Vertrautheit?

Du kannst jemanden lieben wegen bestimmter Eigenschaften, ohne ein Gefühl geistiger Verwandtschaft. Diese Art von Liebe führt zu Konkurrenz und Eifersucht. Das geschieht nicht, wenn Liebe aus geistiger Verwandtschaft entsteht.

Wenn Du jemanden wegen bestimmter Eigenschaften liebst, dann ändert sich die Liebe, sobald diese Eigenschaften sich ändern oder wenn Du Dich an sie gewöhnt hast. Wenn Du aber jemanden aus geistiger Verwandtschaft heraus liebst, weil er zu Dir gehört, dann bleibt die Liebe über viele Leben hinweg erhalten. Menschen sagen: „Ich liebe Gott, weil er groß ist." Was ist, wenn sich nun herausstellt, dass Gott ganz gewöhnlich ist, einfach einer von uns? Dann fällt diese Liebe zu Gott in sich zusammen. Wenn Du Gott liebst, weil Er Dein ist, dann liebst Du Ihn, wie Er auch sein mag, ob Er erschafft oder zerstört. Die Liebe geistiger Verwandtschaft ist wie Liebe zu Dir selbst.

Ist es nicht so, dass viele Menschen sich selbst gar nicht lieben?
Nein, im Gegenteil. Sie lieben sich selbst so sehr, dass sie bessere Eigenschaften haben und besser dastehen möchten. Die Liebe zu bestimmten Eigenschaften macht sie hart gegen sich selbst.

Wenn sich Liebe auf bestimmte Eigenschaften eines Menschen gründet, dann ist diese Liebe nicht dauerhaft. Nach einiger Zeit ändern sich die Eigenschaften, und die Liebe wird wackelig. Jemanden wegen seiner Großartigkeit oder Einzigartigkeit zu lieben, ist drittklassige Liebe. Jemanden zu lieben, weil er zu Dir gehört – großartig oder nicht – ist bedingungslose Liebe. Wissen, Sadhana, Seva und Satsang helfen Dir, ein Gefühl der Verbundenheit zu entwickeln. Wenn Liebe aus einem Gefühl der Verbunden-

heit entspringt, dann können Handlungen und sich ändernde Eigenschaften das Licht dieser Liebe nicht verdunkeln. Weder Handlungen noch Eigenschaften können jederzeit vollkommen sein.
Nur die Liebe und ein Gefühl geistiger Verwandtschaft können vollkommen sein.

Europäisches Zentrum, Bad Antogast, Deutschland 12.8.1998

Das sind die Zeichen der Liebe: Wenn Du einen Menschen liebst, dann siehst Du nichts Falsches an ihm. Selbst wenn Du einen Fehler an ihm entdeckt hast, rechtfertigst Du ihn und sagst: „Das machen doch alle so, das ist normal." Du denkst, Du hast nicht genug für ihn getan; je mehr Du für ihn tust, umso mehr möchtest Du für ihn tun. Du denkst immerzu an ihn. Normale Vorgänge werden zu außergewöhnlichen Ereignissen, zum Beispiel wenn ein Baby seiner Großmutter zuzwinkert. Wenn Du jemanden liebst, dann möchtest Du ihn immer glücklich sehen und wünschst ihm immer nur das Beste.

Neu Delhi, Indien 5.11.1998

Wenn Liebe glüht, ist sie Glückseligkeit. Wenn Liebe fließt, ist sie Mitgefühl. Wenn Liebe bläst, ist sie Zorn.
Wenn Liebe gärt, ist sie Eifersucht. Wenn Liebe aus lauter „Nein" besteht, ist sie Hass. Wenn Liebe handelt, ist sie Vollkommenheit.
Wenn Liebe weiß, dann bin ich es.

Bangalore Ashram, Indien 17.9.1997

Es gibt Menschen, die sehnen sich nach Veränderung. Wenn sie das Gefühl haben, dass alles in ihrem Leben stagniert, möchten sie den Partner, den Beruf oder den Wohnort wechseln. Andere Menschen fürchten Veränderung. Sie fühlen sich nur sicher, wie sie gerade jetzt leben.

Es gibt Menschen, die sehen den Wandel, nehmen ihn aber aus Angst nicht zur Kenntnis. Es gibt Menschen, die den Wandel gar nicht bemerken, und es gibt solche, die nicht glauben, dass sich überhaupt etwas ändert.

Einige jedoch erkennen, dass sich alles ändert und bemerken dennoch, dass es auch etwas Unveränderliches gibt. Es sind die Weisesten, die das Unveränderliche in all dem Wandel erkennen.
Frage: Muss auch die Liebe sich ständig ändern?

Liebe ist Deine wahre Natur. Was Deine Natur ist, kann sich nicht verändern. Aber der Ausdruck der Liebe ändert sich. Weil Liebe Deine Natur ist, kannst Du nichts anderes tun als zu lieben.
Die Mutter ist voller Liebe für ihr Kind. Manchmal füttert sie das Kind, manchmal ist sie streng zu ihm: „Komm jetzt, setz Dich hin und schreib!“ Sie tut das aus Liebe, nur der Ausdruck ihrer Liebe wechselt. Aber die Liebe selbst ändert sich nicht, weil Liebe Deine Natur ist.

Nordamerikanisches Zentrum, Montreal, Kanada 8.7.1999

Wenn Dir jemand seine Liebe zeigt, was tust Du dann?

- Du fühlst Dich verpflichtet und gebunden.
- Du schreckst zurück oder scheust zurück.
- Du fühlst Dich töricht und unbeholfen.
- Du versuchst, sie zu erwidern, auch wenn es nicht echt ist.
- Du zweifelst an der Dir entgegengebrachten Liebe und daran, ob Du ihrer wert bist.
- Du fürchtest, Respekt zu verlieren, denn Liebe lässt keine Distanz zu, und Respekt benötigt eine Distanz.
- Dein Ego verhärtet sich und erlaubt Dir nicht, die Liebe zu empfangen und zu erwidern.

Die Fähigkeit, wahre Liebe anzunehmen wächst mit der Fähigkeit, Liebe zu geben.

Je mehr Du in Deiner Mitte ruhst, aus Erfahrung weißt, dass Du Liebe bist, desto wohler wirst Du Dich fühlen, wenn Dir Liebe entgegengebracht wird, wie stark und auf welche Art sie auch ausgedrückt wird. Denn tief in Dir weißt Du:

Liebe ist kein Gefühl, Liebe ist meine wahre Existenz.

Rishikesh, Indien 6.11.1997

Freude ist Liebe zu dem, was ist. Kummer ist Liebe zu dem, was nicht ist.

Rishikesh, Indien 3.4.1997

Was tust Du, wenn Du jemanden liebst, der Deine Liebe nicht annimmt?

- Du bist frustriert
- Du kehrst die Liebe in Hass um und in den Wunsch nach Rache.
- Du erinnerst den anderen immer wieder daran, wie sehr Du ihn liebst, und wie wenig er Dich liebt.
- Du wirst überempfindlich und griesgrämig.
- Du bekommst Wutanfälle.
- Du fühlst dich gedemütigt und versuchst, Dein Ansehen zu wahren.
- Du beschließt, niemals wieder zu lieben.
- Du fühlst Dich verletzt und schlecht behandelt.
- Du versuchst, distanziert und gleichgültig zu sein.

Dann hast Du erkannt, dass alle diese Verhaltensweisen zu nichts führen, sie verschlechtern die Lage nur noch. Was ist der Ausweg? Wie kannst Du Dein liebevolles Wesen bewahren?

- Habe Geduld und drücke Deine Liebe in anderer Weise aus.
- Sei in Deiner Mitte und zeige Deine Liebe etwas weniger.
  Manchmal stößt ein Übermaß an Liebesbezeugung Menschen ab.
- Nimm als selbstverständlich an, dass der andere Dich liebt, und akzeptiere seine Art, Liebe auszudrücken.
- Erkenne seine Liebe für Dich aufrichtig an.
  Das wird Deine Forderung in Dankbarkeit verwandeln, und je dankbarer Du im Leben bist, desto mehr Liebe begegnet Dir.
- Erkenne, dass Schmerz ein Teil der Liebe ist, und übernimm dafür die Verantwortung. Wenn Du Dich aus Deiner Mitte wegbewegst, wirst Du Schmerz empfinden.
  Das Wesen der Weltlichkeit ist Elend.

Jaipur, Pink City, Indien 13.11.1997

Lass Liebe sein, gib ihr keinen Namen. Wenn Du ihr einen Namen gibst, wird sie zu einer Beziehung, und eine Beziehung schränkt Liebe ein.

Es gibt Liebe zwischen Dir und mir. Lass sie einfach sein. Wenn Du Liebe benennst, zum Beispiel mit den Bezeichnungen „ Bruder, Schwester, Mutter, Vater, Guru", verwandelst Du sie in eine Beziehung. Eine Beziehung schränkt Liebe ein. Was ist Deine Beziehung zu Dir selbst? Bist Du Deine Ehefrau, Dein Bruder, Dein Ehemann, Dein Guru?

Lass Liebe sein, gib ihr keinen Namen.

Topanga Canyon, Kalifornien, USA 16.7.1997

Bedingungslose Liebe inspiriert und stärkt Dein Zutrauen, Wissen anzuwenden.
Ihr sichtbares Zeichen ist ein unvergängliches Lächeln.

Bangalore Ashram, Indien 11.11.1999

Bei wem fühlst Du Dich wirklich unbefangen und wohl? Bei jemandem, der Deine Liebe nicht in Frage stellt, der es als selbstverständlich annimmt, dass Du ihn liebst. Wenn jemand an Deiner Liebe zweifelt und Du sie ständig beweisen musst, wird das zu einer schweren Last für Dich. Er beginnt, Dich auszufragen und Erklärungen für alle Deine Handlungen zu fordern.
Alles zu erklären, was Du tust, ist eine Last. Es liegt in Deiner Natur, die Last abzuwerfen, weil Du Dich unter ihr nicht wohlfühlen kannst.

Wenn Du nach dem Grund für eine Handlung fragst, verlangst Du eine Rechtfertigung. Damit erzeugst Du eine Distanz.
Deine einzige Absicht ist es, jemandem nahe zu kommen, aber wenn Du eine Rechtfertigung verlangst, entfernt Ihr Euch voneinander.
Wenn jemand von Dir eine Erklärung für Deine Handlungen verlangt, spricht er von Täterschaft und drängt Dir diese Täterschaft auf. Das bereitet Unbehagen.

Wenn jemand einfach bei Dir ist, wie ein Teil von Dir, stellt er Dich nicht in Frage. Er ist wie Dein Arm. Ihr versteht einander vollständig, und es ergeben sich keine Fragen. Verlange keine Erklärungen und gib keine Erklärungen.

Du bist der Zeuge all Deiner Handlungen. Deine eigenen Handlungen sind Dir genauso fremd wie die Handlungen eines anderen.
Du bist der ewige Zeuge.

Nordamerikanisches Zentrum, Montreal, Kanada 9.7.1997

Nur wer entsagt hat, kann wirklich lieben. Entsprechend dem Grad Deiner Entsagung hast Du die Fähigkeit zu lieben. Oft wird gemeint, dass Menschen, die entsagt haben, nicht lieben können, und dass diejenigen, die lieben, nicht entsagen können. Das kommt daher, weil die Entsagenden scheinbar nicht lieben und die sogenannten Liebenden sehr besitzergreifend und bedürftig sind.

Wahre Liebe ist nicht besitzergreifend, sie macht frei, und Entsagung ist nichts anderes als Freiheit. Liebe kann nur in Freiheit vollständig erblühen. Wenn Du liebst, sagst Du: „Ich möchte nichts außer dieser Liebe." Entsagung ist: „Ich möchte gar nichts, ich bin frei." Wer liebt, hat keine anderen Bedürfnisse. Entsagung heißt, kein Bedürfnis zu haben. Obwohl Liebe und Entsagung scheinbar Gegensätze sind, sind sie in Wirklichkeit zwei Seiten derselben Münze.

Nur Entsagung kann Freude und Liebe am Leben erhalten. Ohne Entsagung verwandelt sich Liebe in Traurigkeit, Besitzdenken, Eifersucht und Wut. Entsagung bringt Zufriedenheit und Zufriedenheit erhält die Liebe. Ohne Entsagung wird man unzufrieden, enttäuscht, traurig, ängstlich, misstrauisch, grüblerisch. Und dann beginnt die ganze Seifenoper.

Pseudo-Entsagende sind Menschen, die frustriert und enttäuscht vor dem Leben davonlaufen. Wahre Entsagung entsteht aus Liebe und Weisheit und aus Wissen vom Leben auf dem Hintergrund von Raum und Zeit und im Gefüge dieses großherzigen Universums.

Nordamerikanisches Zentrum, Montreal, Kanada 30.6.1999

Du musst Freude an Deiner spirituellen Praxis haben, Du musst Deinen Weg lieben. Liebe ist das Ziel, aber der Weg dorthin muss auch liebenswert sein.
Liebe entsteht, wenn es keine Anstrengung mehr gibt,
wenn alle Betriebsamkeit aufhört.

Nordamerikanisches Zentrum, Montreal, Kanada 14.10.1998

Liebe ist Dein wahres Wesen. Wenn Du Deine Liebe ausdrückst, verwickelst Du dich oft mit dem Gegenstand Deiner Liebe. Dein Blick ist auf die Außenwelt gerichtet. Um zu Deinem Wesen zurückzukehren, musst Du Einsicht gewinnen.

Schmerz ist die erste Einsicht. Er entfernt Deine Aufmerksamkeit vom Objekt und wendet sie in Richtung auf Deinen Körper und Deinen Geist. Energie ist die zweite Einsicht. Ein Blitzstrahl von Energie bringt Dich zurück zu Deinem Selbst. Göttliche Liebe ist die dritte Einsicht. Ein Schimmer der göttlichen Liebe macht Dich vollständig und übertrifft alle gewöhnlichen Vergnügen. Trance ist die vierte Einsicht. Trance ist eine Erhöhung des Bewusstseins und ein unvollständiges Gewahrsein der physischen Wirklichkeit um Dich herum. Das bringt Dich wieder zu Deinem wahren Wesen.
Das Erkennen nicht-dualer Existenz ist die fünfte Einsicht,
die Erkenntnis, dass alles aus Einem und nur aus Einem besteht.

Bangalore Ashram, Indien 17.9.1997

Durch Liebe erhebst Du einen Gegenstand zum Leben.
Wenn Du etwas liebst, wird es lebendig.

Für Kinder ist alles persönlich. Kinder nehmen irgendein Ding und machen es vollständig persönlich. Sogar ein Stein hat ein Gesicht und die Sonne lacht. Die ganze Schöpfung wird persönlich, wenn Du etwas für sie empfindest. Wenn Du kein Gefühl für sie hast, werden sogar Menschen zu Objekten. Gewalt beseitigt Gefühl. Wie kann ein Mensch einen anderen töten? Gewalttätigkeit kann nur entstehen, wenn jemand eine andere Person nicht als Mensch betrachtet, sondern als Gegenstand. Aber selbst ein Stein ist verehrungswürdig, wenn er persönlich wird.

In ihrer militärischen Ausbildung werden Soldaten gelehrt, Menschen als todbringende Objekte zu sehen, die unschädlich gemacht werden müssen. Aber in einem Tempel wird selbst ein Stein auf die Ebene des Geistes gehoben.

Unpersönliches kann nicht verehrungswürdig sein. Die meisten Menschen sehen Gott als unpersönlich an und machen deshalb keine Fortschritte. Wenn wir sagen, dass etwas nicht real ist, dann ist es unpersönlich. Wenn wir etwas zu einer Person werden lassen, dann lassen wir es wirklich, real werden.
Was ist dann also Wirklichkeit?
Du bist die Wirklichkeit.
Du bist nicht Deine Gedanken,
Du bist nicht Deine Gefühle, nicht Deine Handlungen.
Du bist auch nicht nur eine Person –
Du bist die Wirklichkeit.

Nordamerikanisches Zentrum, Montreal, Kanada 25.6.1997

Es gibt drei Arten von Liebe: Die Liebe, die aus Verliebtheit entsteht, diejenige, die aus Annehmlichkeit entsteht und die göttliche Liebe.

Die Liebe, die aus Verliebtheit entsteht, währt nicht lange.
Sie entsteht aus dem reizvollen Ungewohnten oder aus körperlicher Anziehung. Die Anziehung verliert sich schnell, Langeweile schleicht sich ein, wie in den meisten Ehen. Diese Liebe nimmt irgendwann ab, dann kommen Angst, Ungewissheit, Unsicherheit und Traurigkeit.

Die Liebe, die aus Annehmlichkeit und Vertrautheit entsteht, wächst. So fühlst Du Dich wohler mit einem alten Freund, der ein vertrauter Mensch ist, als mit einem Fremden. Aber diese Liebe hat keine Begeisterung, keine Ergriffenheit, keine Freude und kein Feuer in sich.

Die göttliche Liebe übersteigt jede andere Liebe, sie ist immer neu, je näher Du ihr kommst, desto mehr Verzauberung und Tiefe erfährst Du. Göttliche Liebe bringt Annehmlichkeit, Vertrautheit und Begeisterung. Sie wird nie langweilig, Du bleibst wach und bewusst.

Weltliche Liebe kann wie der Ozean sein, doch der Ozean hat einen Grund. Göttliche Liebe ist wie der Himmel – grenzenlos, unendlich. Schwinge Dich vom Meeresgrund empor in den unermesslichen Raum.

Bangalore Ashram, Indien 24.4.1997

Jenseits eines Ereignisses liegt Wissen. Jenseits einer Person liegt Liebe. Jenseits eines Gegenstandes liegt Unendlichkeit.

Wissen liegt nicht in einem Ereignis. Es liegt jenseits der Ereignisse. Wenn Du ein Ereignis nimmst und etwas daraus folgerst, Wissen daraus ableitest, dann wird das zu einem Irrtum führen. Wenn jemand wütend wird und schreit, schreibst Du die Wut dieser Person zu, aber in Wirklichkeit wurde die Wut von jemand anderem übertragen. Jemand anders wurde wütend, davor ein anderer und davor noch ein anderer und so weiter.

Nur wenn Du über ein Ereignis hinausgehst, dann dämmert Wahrheit auf. Ein bestimmtes, einzelnes Ereignis vermittelt Dir eine falsche Vorstellung. Du musst also die Gesamtheit der Ereignisse betrachten, die Gesamtheit aller Ereignisse bis zur Unendlichkeit. Jenseits der Ereignisse liegt Wissen.

Was nennen wir eine Person?
Eine Person ist ein Körper, ein Geist, ein Komplex von sich verändernden Verhaltensweisen. Liebe ist unveränderlich. Jenseits der Person liegt Liebe. Wenn Du Deine Persönlichkeit verlierst, wirst Du zu Liebe. Wenn Du Dich nicht verlieren kannst, kannst Du Dich selbst nicht finden.
Also verliere Deine Persönlichkeit – Du wirst Dein Selbst finden.

Hinter jedem Gegenstand liegt Unendlichkeit.
Ein Gegenstand ist begrenzt. Zerlege einen Gegenstand in Atome, und Du wirst sehen, dass jedes Atom unendlichen Raum enthält. Jenseits des Gegenstandes liegt Unendlichkeit.

Maya – Täuschung – heißt, an dem Ereignis, der Persönlichkeit, dem Gegenstand hängen zu bleiben. Wissen, Liebe, Brahman – göttliches Bewusstsein – heißt, über das Ereignis, die Persönlichkeit oder den Gegenstand hinaus zu sehen.

Siehst Du? Das ist nur eine kleine Verschiebung. Der Gegenstand hinter dem Gegenstand ist Unendlichkeit.
Die Person hinter der Person ist Liebe.

Big Sur, Kalifornien, USA 21.6.1995

Dein Selbst kann fünf Aspekte erfassen:

- Asti (Istheit)
- Bhaati (Wissen, Ausdruck)
- Preeti (Liebe)
- Nama (Name)
- Rupa (Form)

Materie hat zwei Aspekte:
Nama und Rupa, Name und Form.

Bewusstsein hat drei Aspekte:
Asti – Istheit;
Bhaati – es weiß und verleiht Ausdruck;
Preeti – es ist liebend.

Dies ist das Geheimnis des ganzen Universums.
Maya – Unwissenheit oder Täuschung bedeutet,
der drei Erscheinungsformen des Bewusstseins nicht gewahr zu sein
und in Name und Form hängen zu bleiben.

Warum sind wir unvollkommen?
Damit wir zur Vollkommenheit wachsen können. Das Leben ist eine Bewegung von Unvollkommenheit zu Vollkommenheit. Ein Same enthält den Baum, aber um ein Baum zu werden, muss der Same aufhören ein Same zu sein. Der Same ist kein Baum. Ein Pflänzchen ist kein Baum. Im Leben kannst Du entweder auf jeder Stufe Unvollkommenheit sehen, oder Du kannst eine Bewegung von der einen Vollkommenheit zur nächsten Vollkommenheit sehen. Alles das, worauf Du Deine Aufmerksamkeit richtest, wird wachsen. Wenn Du Deine Aufmerksamkeit auf einen Mangel richtest, wird der Mangel zunehmen.

Bangalore Ashram, Indien 19.12.1996

Wie kann man immer glücklich sein? Vergiss das „immer“, dann bist Du glücklich.

Du wirst faul, wenn Du es immer bequem haben willst.
Du wirst zornig, wenn Du ständig Perfektion willst.
Du wirst gierig, wenn Du immer reich sein willst.

Wenn wir nicht erkennen, dass nur das Leben immerwährend ist, bekommen wir Angst. Die Projektion des Wesens des Selbst, das „immer“ ist, auf das Zeitliche, das nie „immer“ sein kann, wird Maya genannt.

Bangalore Ashram, Indien 4.11.1999

Wenn Du unglaubliche Schönheit oder Freude erlebst, fragst Du Dich, ob es ein Traum ist. Häufig ist das, was Du als Wirklichkeit wahrnimmst, nicht erfreulich. Im Elend fragst Du Dich nie, ob es sich um einen Traum handelt. Du bist sicher, dass es wirklich ist. Das heißt, dass Du das Wirkliche als unwirklich und das Unwirkliche als wirklich ansiehst.
Tatsächlich ist alles Elend unwirklich. Ein weiser Mensch weiß, dass das Glück wirklich ist, da es Deine wahre Natur ist.

Unglücklichsein ist unwirklich, da es Dir von der Erinnerung aufgezwungen ist. Wenn Du alles als einen Traum sehen kannst, dann wohnst Du in Deinem wahren Selbst.

Ein Alptraum ist ein Traum, der irrtümlich für wirklich gehalten wird. Es gibt in einem Traum überhaupt keine Verwirrung.
Frage Dich immer wieder, ob alles ein Traum ist, und Du wirst zur Wirklichkeit erwachen.

Lake Side, Chandigarh, Indien 26.3.1998

Täuschung ist ein Irrtum in der Wahrnehmung. Täuschung als Täuschung zu erkennen ist Wissen. Unsere Erfahrung der Welt beruht auf Wahrnehmung. Da jede Wahrnehmung trügerisch ist, ist die Welt eine Täuschung. Erfahrungen stammen alle aus der Wahrnehmung.

Der Erfahrende ist die einzige Wirklichkeit. Halte Ausschau nach dem Sehenden, dem Erfahrenden zwischen den Erfahrungen.
Von jeder Erfahrung, die du machst, bleibt etwas in Dir zurück wie ein Bodensatz, ein Rückstand, der den Verstand benebelt.
Wache auf! Mach Deinen Kopf von allen vergangenen Erfahrungen frei und schau auf das reine Sein, das ich bin und das Du bist.
Frage: Wie unterscheidest Du zwischen der Erfahrung und dem Erfahrenden?

Bist Du wirklich ganz hier? Hörst Du zu? Schließe nun Deine Augen und achte darauf, wer zuhört, wer Fragen stellt, wer sitzt, und wer was möchte. Wer ist verwirrt?

Das ist der Erfahrende.

Bangalore Ashram, Indien 8.5.1996

Was ist vivek? Vivek bedeutet das Wissen, dass sich alles ständig ändert. Du musst immer wieder aufwachen, um die Tatsache zu erkennen, dass sich die Welt, die Menschen, unser Körper, unsere Gefühle ständig verändern. Wenn Du Kummer hast, dann erkenne, dass vivek verdunkelt worden ist.

Jakarta, Indonesien 10.4.1996

Du kannst Dich in der Unsicherheit der Welt wohlfühlen, wenn Du die Sicherheit des Bewusstseins erkennst.
Oft tun die Menschen genau das Gegenteil. Sie sind sich sicher über die Welt und unsicher über Gott. Sie verlassen sich auf etwas, das nicht zuverlässig ist und verlieren die Fassung. Unsicherheit verursacht Sehnsucht nach Stabilität, doch das Beständigste im ganzen Universum ist unser Selbst.

Die Welt unterliegt ständigem Wandel; das Selbst ist unwandelbar. Du musst Dich auf das Unwandelbare verlassen und den Wandel akzeptieren. Wenn Du sicher bist, dass alles unsicher ist, dann bist Du befreit. Wenn Du in Unwissenheit unsicher bist, dann wirst du besorgt und angespannt. Bewusst wahrgenommene Unsicherheit führt Dich zu einem höheren Bewusstseinszustand und zu einem Lächeln.

Oft meinen Menschen, dass Sicherheit Freiheit bedeutet. Sich frei zu fühlen, wenn Du nicht sicher bist, das ist wirkliche Freiheit.
Oft gründet sich Deine Sicherheit oder Unsicherheit auf die wandelbare Welt. Wenn Du Dir sicher bist über die Unsicherheit des Wandelbaren, wirst Du sicher über die Existenz des Absoluten, Unwan-

delbaren, Vollkommenen und hast einen sicheren Glauben an das Vollkommene.

Können wir noch begeistert sein, wenn wir unsicher sind?
Ja. Im Wissen kannst Du in Unsicherheit begeistert sein. Menschen handeln oft nicht, wenn sie unsicher sind, sie sitzen nur da und warten. Handeln in Unsicherheit macht das Leben zu einem Spiel, zu einer Herausforderung. In Unsicherheit sein heißt loslassen. Sicherheit über die wandelbare Welt erzeugt Stumpfsinn. Unsicherheit über das Selbst macht Angst. Unsicherheit über Materie bringt Sicherheit über Bewusstsein.

Bangalore Ashram, Indien 10.12.1997

Wenn Du die Zeit als zu kurz empfindest, bist Du entweder ruhelos oder in einem Zustand erweiterten Bewusstseins. Wenn Du die Zeit als zu lang empfindest, bist Du unglücklich, ungeduldig oder übereifrig. Wenn Du glücklich bist und gerne tust, was Du gerade tust, dann fühlst Du die Zeit gar nicht. Auch im Schlaf fühlst Du die Zeit nicht.

Wenn Du der Zeit voraus bist, empfindest Du Langeweile und Öde. Wenn die Zeit Dir voraus ist, bist Du überrascht und schockiert. Du kannst die Ereignisse dann nicht verdauen. In tiefer Meditation bist Du die Zeit, und alles geschieht in Dir. Ereignisse geschehen in Dir wie am Himmel vorbeiziehende Wolken.

Wenn Du in der Zeit stehst, bist Du weise und in Frieden.

Bangalore Ashram, Indien 8.4.1999

Wenn Du glücklich bist, dehnt sich der Geist aus,
dann erscheint die Zeit als zu kurz.

Wenn Du unglücklich bist, zieht sich der Geist zusammen,
dann erscheint die Zeit als zu lang.

Wenn der Geist gelassen ist, transzendiert er die Zeit. Um der Zeit zu entkommen, nehmen viele Zuflucht zu Alkohol, Schlaf oder Drogen, aber wenn der Geist dumpf und unbewusst ist, dann ist er unfähig, das Selbst zu erfahren.

Samadhi – Nicht-Denken, Zeitlosigkeit – ist Friede, wahrer Friede.
Das ist der größte Heiler.

Wenige Augenblicke von Samadhi füllen den Geist mit Energie. Diese Momente haben einen eigenen Geist, einen Großen Geist mit ungeheurer, unendlicher organisierender Kraft. Gedanken sind in diesem Moment nur kleine oberflächliche Wellen.

Bevor Du einschläfst und sobald Du aufwachst –
in den Augenblicken des Zwielichts des Bewusstseins –
erlebst Du diese Zeitlosigkeit.

Bangalore Ashram, Indien 10.12. 1997

Das Leben ist eine Kombination von Gestalt und Gestaltlosigkeit. Gefühle haben keine Gestalt, aber ihr Ausdruck hat eine Gestalt. Das Selbst hat keine Gestalt, aber seine Wohnung hat eine Form, eine Gestalt.

Auch Weisheit und Gnade haben keine Gestalt, werden aber durch Gestalt ausgedrückt. Wenn Du das Gestaltlose außer Acht lässt, wirst Du träge, materialistisch und überängstlich. Wenn Du die Gestalt außer Acht lässt, wirst Du ein Träumer, ein verlorener Asket oder ein Nervenbündel.

Vanaprastha Ashram, Rishikesh, Indien 9.3.2000

Nur in tiefer Ruhe kann das Göttliche erlebt werden, nicht in Aktivität. All Deine Aktivitäten helfen Dir, still zu werden. Du kommst noch weiter, wenn Du Dich nicht freust über die Glückseligkeit oder den Frieden, den Du in der Stille erlebst. Wenn das Göttliche Dir Frieden und Glückseligkeit geben möchte – in Ordnung. Nimm beides an. Aber sich daran zu erfreuen, kann Verlangen erzeugen. Es erfordert Mut zu sagen: Ich bin. Dein wahres Wesen ist Glückseligkeit, aber wenn Du versuchst, Dich daran zu erfreuen, steigst Du herab von „Ich bin" zu „Ich bin friedvoll", „Ich bin glückselig", und darauf folgt „Ich bin unglücklich".

„Ich bin" ist Leidenschaftslosigkeit. Leidenschaftslosigkeit heißt alles willkommen.

Innere Sammlung bringt Energie, einen Funken. Aber wenn Du Glückseligkeit genießt, wirst Du träge. Wenn Du leidenschaftslos bist, bleibt die Glückseligkeit. Leidenschaftslosigkeit befreit Dich vom Gefühl des Mangels. Der Leidenschaft liegt ein Gefühl des Mangels zugrunde.

Wenn alles im Überfluss vorhanden ist,
entsteht Leidenschaftslosigkeit.
Und wenn Leidenschaftslosigkeit da ist,
kommt alles im Überfluss.

Lake Tahoe, Kalifornien, USA 15.7.1998

Aktivität und Ruhe sind zwei wesentliche Aspekte des Lebens. Es ist eine Kunst, ein Gleichgewicht zwischen beiden zu finden. Zu wissen, wann Du Ruhe, wann Du Aktivität brauchst und wieviel davon, das ist Weisheit. Sie ineinander zu finden, Aktivität in Ruhe und Ruhe in Aktivität, das ist die absolute Freiheit.

Ermüdender als die Arbeit selbst ist die Erinnerung an harte Arbeit. Schon daran zu denken, wie hart Du gearbeitet hast, beeinträchtigt die Qualität der Ruhe. Manche Menschen sind stolz darauf, hart gearbeitet zu haben, selbst wenn sie zu keinem Ergebnis gekommen sind. Andere sehnen sich nach einer langen Ruhepause und wissen nicht, dass wahre Ruhe darin liegt, sich nicht als Macher zu fühlen.

Der Gedanke, dass Du Ruhe brauchst, macht Dich ruhelos.
Der Gedanke, dass Du hart arbeiten musst, macht Dich müde.
Der Gedanke, dass Du hart gearbeitet hast, erzeugt Selbstmitleid.
Die Qualität der Ruhe, nicht die Dauer, hilft Dir, Dich zu erholen.
Wenn Du Ruhe brauchst, wird Dein Körper sie sich von selbst nehmen. Zu ruhen, ohne über die Notwendigkeit hierfür nachzudenken, ist erholsamer. Wunschlosigkeit, Leidenschaftslosigkeit und Samadhi sind die tiefste Ruhe.

Bangalore Ashram, Indien 10.9.1998

Verstecke Deine Leidenschaftslosigkeit und drücke Deine Liebe aus. Leidenschaftslosigkeit auszudrücken könnte das Ego vergrößern. Indem Du Leidenschaftslosigkeit ausdrückst, verlierst Du die Begeisterung im Leben, und wenn Du Liebe nicht ausdrückst, fühlst Du Dich wie erstickt. Verstecke die Leidenschaftslosigkeit in Deinem Herzen wie die Wurzeln eines Baumes und drücke Liebe wie eine reife Frucht aus.

Halifax, Kanada 22.6.2000

Was kannst Du tun, wenn Du fieberhaft nach Erfolg strebst?

Glaube daran und vertraue darauf, dass die Ergebnisse viel besser sein werden, als Du es Dir je vorstellen kannst. Durch Vertrauen kannst Du Dich von fieberhaftem Leistungsstreben befreien. Fiebrigkeit kann auch ein Überbleibsel von Überaktivität sein. Schlaf, Flötenmusik und ein kaltes Bad können da helfen.

Wenn Du etwas sehr Wichtiges tust, mach eine kurze Pause und tue etwas völlig Belangloses und Bedeutungsloses. Das stärkt Deine Kreativität. Wenn Du Wichtiges tust, bist Du auf die Tätigkeit konzentriert; etwas zu tun, das ohne tiefe Bedeutung ist, macht das Leben zu einem Spiel.

Sei gelassen. Denke daran, dass alles auf die eine oder die andere Weise vorübergehen wird und nicht so wichtig ist. Meditation und Atemübungen können Dich beruhigen.

Delhi, Indien 29.3.2000

Falsche Sicherheiten lassen nicht zu, dass Dein Vertrauen wächst. Vertrauen wächst nur dann, wenn Du Deine Sicherheiten fallengelassen hast. Wenn Du Dein Leben mit Sicherheiten abpolsterst, hältst Du das Vertrauen fern.
Vertrauen bringt Dir Vollkommenheit, Vertrauen ist Deine größte Sicherheit.

Wenn Du materielle Sicherheiten hast, aber kein Vertrauen, wirst Du von Angst getrieben sein. Du musst alle Besitztümer im Geiste fallen lassen. Falsche Sicherheit bedeutet, Dinge dort aufzubewahren, wo sie nicht hingehören. Einen Beruf, ein Haus, Freunde zu haben – all das gibt nur die Illusion von Sicherheit. Lass das Haus, wo es hingehört, aber nicht im Geist. Lass das Geld auf der Bank oder in der Hosentasche, aber nicht im Geist. Lass Freunde und Familie dort, wo sie hingehören, aber nicht im Geist.

Das Göttliche ist Deine einzige Sicherheit. Vertrauen bedeutet zu erkennen, dass Du immer erhältst, was Du brauchst.
Vertrauen gibt dem Göttlichen die Möglichkeit, wirksam zu werden.
Dein Körper gehört der Welt an. Dein Geist gehört dem Göttlichen.

Santa Monica, Kalifornien, USA 28.1.1998

Habe Vertrauen in den Klang und komme schließlich dahin, auch der Stille zu vertrauen. Vertraue dem Klang, wenn er angenehm ist, und vertraue der Stille, wenn der Klang unangenehm ist. Menschen scheinen mehr Vertrauen in Klatsch und Gerüchte zu haben als in Gesang und Wissen. Wenn jemand etwas Schlechtes sagt, dann glaubst Du das sofort und bist beunruhigt. An einen unangenehmen Klang zu glauben erzeugt Aufruhr in Deinem Geist. Wenn das passiert, vertraue wieder mehr der Stille.

Vertraue dem Klang wie etwa beim Singen von Mantras.
Vertraue dem Wissen, vertraue der Stille.

Bangalore Ashram, Indien 28.10.1999

Glaube ist eine Sache des Kopfes; Hingabe ist eine Sache des Herzens; Meditation verbindet beide miteinander. Ein reifer Verstand ist hingegeben. Ein reifes Herz ist voll Wissen.
Und Meditation lässt Deinen Verstand wie Dein Herz reifen.
Der Verstand glaubt mehr an die Materie, das Herz glaubt mehr an Immaterielles.

Es ist fast unmöglich, dass jemand keinerlei Glauben oder keinerlei Hingabe hat. Es ist nur eine Frage des Gleichgewichtes. Dein ganzes Leben kann zu einer Meditation werden.
Ob Du Bäume oder Blumen anschaust oder mit Menschen sprichst, Du bist in Meditation.

Los Angeles, Kalifornien, USA 7.8.1996

In der Wissenschaft kommt zuerst Wissen, dann folgt der Glaube. In der Spiritualität kommt Glaube zuerst, und dann folgt das Wissen.

Das Wissen, dass Pestizide und Kunstdünger gut für die Pflanzen sind, kam durch die Wissenschaft. Die Menschen glaubten daran und Pestizide und Kunstdünger wurden weltweit eingesetzt. Dann wurden deren Nachteile sichtbar, ein anderes Wissen kam auf, und mehr Menschen glaubten an die Vorteile biologischer Landwirtschaft. Das Wissen führte zu einem Glauben, das Wissen änderte sich, dann änderte sich der Glaube. In der Spiritualität kommt der Glaube zuerst, und das Wissen kommt später. Wie bei Sudarshan Kriya, Pranayamas, Yoga Asanas und Meditation – zuerst hast Du Glauben, dann folgt das Wissen. Wenn Du zum Beispiel Pranayamas gläubig durchführst, dann bekommst Du Wissen über das Prana – die Lebensenergie. Wenn Du Deine Meditation gläubig durchführst, folgt das Wissen über das Bewusstsein. Auch ein Analphabet gewinnt durch Glauben tiefes Wissen.

Wissenschaft betrachtet das Leben als Materie,
Spiritualität betrachtet selbst Materie als Leben.

Wissenschaft betrachtet sogar den Menschen als Materie
und Spiritualität achtet die Erde als Mutter,
Flüsse und Berge als lebendige Wesen.

Oslo, Norwegen 21.2.1996

Wenn Du denkst, Du tätest Gott einen Gefallen damit, dass Du an ihn glaubst, dann irrst Du. Gott oder Dein Guru haben nichts davon, dass Du glaubst. Der Glaube ist Dein Reichtum.

Glaube gibt Dir sofort Kraft, macht Dich standhaft, gesammelt, ruhig und liebevoll. Glaube ist ein Segen. Aber eins ist paradox: Wenn Dir der Glaube fehlt, musst Du darum beten. Aber um beten zu können, musst Du gläubig sein. Menschen glauben an die Welt – doch die ganze Welt ist nur eine Seifenblase. Menschen glauben an sich selbst – doch sie wissen nicht, wer sie sind. Menschen meinen, sie glaubten an Gott – doch sie wissen nicht, wer Gott ist.

Es gibt drei Arten von Glauben:

- Glaube an Dich selbst – ohne Glauben an Dich selbst denkst Du: „Ich kann das nicht. Das ist nichts für mich. Ich werde niemals in diesem Leben frei sein."
- Glaube an die Welt – Du musst an die Welt glauben, sonst kannst Du Dich hier keinen Schritt bewegen. Du bringst Geld auf die Bank, weil Du daran glaubst, dass es zurückgezahlt werden wird. Wenn Du alles auf der Welt in Zweifel ziehst,
  wird Dir nichts gelingen.
- Glaube an das Göttliche – glaube an das Göttliche und Du wirst Dich entwickeln.

All diese Arten von Glauben sind miteinander verbunden.
Du musst alle drei haben, damit jede einzelne stark ist.
Wenn Du anfängst, in einem Bereich zu zweifeln, wirst Du auch alles andere bezweifeln.

Atheisten glauben scheinbar an sich und an die Welt, aber nicht an Gott. Aber in Wirklichkeit haben sie keinen vollständigen Glauben an sich selbst, und ihr Glaube an die Welt kann nicht beständig sein, denn die Welt verändert sich ständig. Mangelndes Vertrauen in Gott, die Welt und Dich selbst erzeugt Angst. Glaube erfüllt Dich – macht Dich vertrauensvoll.

Glaube an die Welt ohne Glauben an Gott bringt keinen vollständigen Frieden. Wenn Du aber Glauben und Liebe hast, folgen Friede und Freiheit von selbst. Auch Menschen mit großen Problemen sollten fest daran glauben, dass Gott ihnen hilft, sie zu bewältigen.

Es gibt einen Unterschied zwischen Glauben und Vertrauen: Glaube ist der Anfang, Vertrauen ist das Ergebnis. Glaube an Dich selbst macht Dich frei. Glaube an die Welt gibt Dir Seelenfrieden. Glaube an Gott weckt Liebe in Dir.

Bangalore Ashram, Indien 28.5.1998

Wenn Du kein Vertrauen hast, dann ist es sinnlos, irgendwelche Fragen zu stellen, denn wie kannst Du dann an die Antwort glauben, die Du bekommst? Aber wenn Du vollständiges Vertrauen hast, gibt es keine Fragen.

Wenn du Gott oder Dir selbst oder Deiner Familie, Deinen Freunden vertraust, dann können sich da keine Fragen auftun. Wenn Du weißt, dass sich jemand um Dich kümmert, wozu dann fragen? Wenn Du den Karnataka-Express nach Bangalore nimmst, ist es unnötig, in jedem Bahnhof zu fragen: „Wohin fährt der Zug?“ Wenn sich jemand Deiner Wünsche annimmt, warum dann zu einem Astrologen gehen?

Mumbai, Indien 3.9.1997

Glaube ist die Natur des ungeteilten Geistes, des ungeteilten Bewusstseins. Du glaubst an Gott, also versuche nicht, Gott zu verstehen. Du glaubst an das Selbst, also versuche nicht, das Selbst zu verstehen. Versuche nicht, das vollständig zu ergründen, woran Du glaubst.

Ein Kind vertraut seiner Mutter, es will seine Mutter nicht verstehen, es vertraut einfach. Wenn Du vertraust, warum willst Du dann verstehen? Du kannst Liebe nicht verstehen. Wenn Du versuchst, Liebe zum Gegenstand der Erkenntnis zu machen, Liebe zu verstehen, wird sie verschwinden. Gott, Liebe, das Selbst und der Schlaf sind jenseits Deines Verstehens. Wenn Du sie analysieren willst, kommen Zweifel auf, und der Glaube wird verschwinden. Woran Du auch immer glauben willst, versuche nicht, es zu analysieren.
Analyse führt zu Distanz, Synthese führt zusammen.
Glaube ist Synthese, Verstehen ist Analyse.

Glaube und Überzeugung sind nicht dasselbe. Überzeugungen sind ein bisschen schwächer, Glaube ist stärker, konkreter. Unsere Überzeugungen können sich ändern, der Glaube ist fest. Bewusstsein kann ohne Glauben nicht existieren. Es ist wie die Flamme einer Kerze. Glaube ist ein entspannter, ausgeglichener Zustand des Bewusstseins. Glaube ist die Natur des Bewusstseins.

Europäisches Zentrum, Bad Antogast, Deutschland 27.5.1999

WAHRHEIT

Wahrheit ist das, was sich nicht ändert. Überdenke Dein Leben und bezeichne alles, was sich ändert als Unwahrheit. Dann wirst Du erkennen, dass Du nur von Unwahrheit umgeben bist.

So wirst Du von dem, was Du als Unwahrheit erkannt hast, frei werden. Wenn Du die Unwahrheit nicht erkennen kannst, kannst Du Dich nicht von ihr befreien. Deine eigenen Erfahrungen im Leben lassen Dich Deine eigene Unwahrheit erkennen. Indem Du im Leben reifst, erkennst Du: alles ist Unwahrheit – Ereignisse, Umstände, Leute, Gefühle, Gedanken, Meinungen, Entwürfe, Dein Körper – alles ist Unwahrheit. Erst dann ereignet sich Satsang – Gemeinschaft mit der Wahrheit – im eigentlichen Sinne.

Eine Mutter kann ihr Kind nicht als Unwahrheit sehen, bis aus dem Kind ein Erwachsener geworden ist. Für ein Baby ist Süßes nicht unwahr, für einen Jugendlichen ist Sex nicht unwahr. Wissen ist Unwahrheit, wenn es nur aus Wörtern besteht. Aber als Dasein ist es Wahrheit. Liebe als ein Gefühl ist keine Wahrheit, als Dasein ist sie Wahrheit.

Europäisches Zentrum, Bad Antogast, Deutschland 15.6.2000

Wenn wir von Freude erfüllt sind, suchen wir keine Vollkommenheit. Wenn Du Vollkommenheit suchst, bist Du nicht an der Quelle der Freude. Freude ist die Erkenntnis, dass es keinen Urlaub von der Weisheit gibt. Die Welt sieht an der Oberfläche unvollkommen aus, aber darunter ist alles vollkommen. Vollkommenheit versteckt sich, Unvollkommenheit tut sich groß.

Der Weise wird sich nicht an der Oberfläche aufhalten, sondern in die Tiefe vorstoßen. Nicht die Dinge, die Du siehst, sind verschwommen, Deine Sicht ist verschwommen.

Unendlich viel Aktivität macht sich im ganzen Bewusstsein bemerkbar, dennoch bleibt das Bewusstsein vollkommen und unberührt. Wenn Du das jetzt begreifst, bist Du zu Hause.

Irgendwo in British Columbia, Kanada 19.6.1996

Sagenhaft ist die Liebe, die der Zurückweisung widersteht.
Sie wird frei sein von Zorn und Ego.

Sagenhaft ist die Selbstverpflichtung, die der Demütigung widersteht. Sie wird zielgerichtet sein und das Ziel erreichen.
Sagenhaft ist die Weisheit, die der Unruhe widersteht.
Sie wird ins Leben integriert sein.

Sagenhaft ist der Glaube, der einer Million Versuchungen zu zweifeln widersteht. Er wird Vollkommenheit – siddhis – bringen.
Sagenhaft sind die Ereignisse, die der Zeit widerstehen.
Sie werden zu Moral für Millionen.

Nordamerikanisches Zentrum, Montreal, Kanada 5.7.2000

Teil 2

Der Weg zu Dir –

Du bist das Ziel

Ein armer Mensch feiert das neue Jahr einmal im Jahr. Ein reicher Mensch feiert jeden Tag. Der reichste Mensch jedoch feiert jeden Augenblick.

Wie reich bist Du? Feierst Du einmal im Jahr? Einmal im Monat? Jeden Tag? Wenn Du jeden Augenblick feierst, bist Du der Herr der Schöpfung.

Lass das ganze letzte Jahr noch einmal an Dir vorbeiziehen, während du feierst. Das ist Deine Hausaufgabe. Was hast Du gemacht? Wie nützlich warst Du in diesem vergangenen Jahr? Setz Dich eine Stunde lang hin und überdenke jede Woche dieses Jahres – eine Minute pro Woche. Betrachte das Wachstum des Jahres in weniger als einer Stunde. Übergib am Neujahrstag das ganze Jahr mit einer Blume dem Göttlichen.

Weggis, Schweiz 27.12.1995

Das menschliche Leben ist eine Verbindung von Materie – Körper – und Schwingung – Geist. Freude lässt Dich zu einer intensiven Schwingung werden und vergessen, dass Du Materie bist.

Körperliche Empfindungen lassen Dich auch kurzzeitig intensive Schwingungen erleben. So geben sie Dir einen flüchtigen Ausblick auf die Freude. Aber solche Freuden sind kurzlebig und stumpfen Dich im Laufe der Zeit ab.

Freude, die aus dem Satsang kommt, ist von höherer Art. Mantras und Gesang erzeugen Schwingungen im Geist. Wenn Du meditierst und singst, bleibt daher das Hochgefühl für lange Zeit bestehen.

Freude, die aus dem Materiellen erwächst, ist kurzlebig, ermüdend und bindend. Freude am Geistigen währt lange, energetisiert, erfrischt und befreit.

Wenn du weißt, dass Du Elektrizität – Schwingung oder Energie – bist, dann verschwinden Verlangen, Gier, Lust und Zorn, und Du wirst zur wahren Feier.

Europäisches Zentrum, Bad Antogast, Deutschland 24.12.1997

Lass die Zeit Deine Gegenwart feiern. Gewöhnlich wünschen sich Menschen etwas Bestimmtes für das neue Jahr. Wünsche Du Dir dieses Jahr einmal nichts. Lass das neue Jahr Dich feiern.
Wenn es Dir schönere Dinge bringen will, nimm sie an.

Üblicherweise verlierst Du Dich im Feiern. Wenn Du die Zeit Dich feiern lässt, bist Du ein Zeuge inmitten des Feierns. Das neue Jahr hat Glück, dass Du in dieser Zeit lebst.
Wenn Du zum Nutzen der Welt lebst, hat die Welt Glück.
Du lebst nicht für Dich selbst, sondern für die Welt.
Für alles, was die Welt braucht oder möchte, bist Du hier.

Vierwaldstätter See, Schweiz 1.1.1997

Was machst Du, wenn Du das Gefühl hast, in einer Sackgasse zu sein, nicht zu wachsen, von Begierden bombardiert zu werden, Dich saft- und kraftlos fühlst, ausgetrocknet, ohne Begeisterung bist?

Hier ist die Lösung:
Sei großzügig – jetzt sofort, nicht erst morgen, jetzt sofort.

Großzügigkeit ist eine Eigenschaft des Geistes. Wenn Du großzügig bist, wird Dein Leben überreich, voll von Mitgefühl und Liebe.

Ist Großzügigkeit dasselbe wie Dankbarkeit?
Nein, in Dankbarkeit ist immer etwas Selbstinteresse. Du bist dankbar, weil Du etwas hast oder bekommst. Großzügigkeit ist eine Ausdrucksform, die unabhängig von äußeren Gegebenheiten ist. Niemand kann Dich dazu bringen, großzügig zu sein. Das musst Du selbst tun. Ihrem Wesen nach ist Großzügigkeit keine Handlung. Sie ist ein Bewusstseinszustand, aber sie findet immer ihren Ausdruck in einer Handlung.

Was ist mit Leidenschaft?
Leidenschaft weist auf einen Mangel hin. Leidenschaftslosigkeit ist Überfluss. Leidenschaftslosigkeit ohne Großzügigkeit macht Dich egozentrisch, dürr und trocken. Das Nachdenken über Deine frühere Großzügigkeit führt nur zum irrtümlichen Gefühl der eigenen Leistung. Lass das sein, und sei einfach großzügig.

Vancouver, Kanada 1.7.1998

Unsere erste und vordringlichste Verpflichtung in der Welt ist Seva, d.h. zu dienen.

Wenn Du ängstlich oder verwirrt bist, dann liegt das daran, dass Dir innere Verpflichtung fehlt.

Der Gedanke „Ich bin auf dieser Welt, um Seva zu tun" löst das Ego auf, und wenn das Ego sich auflöst, lösen sich die Sorgen auf.
Seva ist nichts, was Du nach Belieben oder zum Spaß tust.
Der eigentliche Sinn des Lebens ist zu dienen.

Ein nicht verpflichteter – nicht hingegebener – Geist ist armselig.
Ein hingegebener Geist kann zwar auch schwere Zeiten erleben, aber er wird die Früchte seiner Mühen ernten.

Wenn Du Dienen zu Deinem einzigen Lebenszweck machst, verschwindet Deine Angst, Dein Geist wird klar,
Dein Leben bekommt einen Sinn.

Bangalore Ashram, Indien 12.11.1996

Arme Menschen kämpfen um Nahrung. Reiche Menschen teilen ihre Nahrung. Reichere Menschen teilen ihre Macht.
Noch reichere Menschen teilen ihren Ruhm. Am reichsten sind diejenigen, die sich selbst teilen. Der Reichtum eines Menschen zeigt sich an dem, was er teilt und nicht durch das, was er hortet.

Bangalore Ashram, Indien 24.10.1996

Was bedeutet Erfolg? Die Frage nach Erfolg stellt sich nicht, wenn es nichts zu gewinnen gibt. Es gibt nichts zu gewinnen, wenn Du nur gekommen bist, um zu geben und zu dienen. Erfolg bedeutet mangelnde Überlegenheit, zeigt, dass Erfolglosigkeit, Versagen möglich ist. Wenn etwas überlegen ist, gibt es nichts zu verlieren.

Erfolg bedeutet, eine Grenze zu überschreiten. Um eine Grenze zu überschreiten, musst Du davon ausgehen, dass Du Grenzen hast. Dann unterschätzt Du Dich selbst. Wenn Du keine Grenzen hast, wo ist dann Dein Erfolg? Du sagst nicht, Du hast erfolgreich ein Glas Wasser getrunken, weil das klar innerhalb Deiner Möglichkeiten liegt. Aber wenn Dir etwas gelingt, das außerhalb Deiner angenommenen Grenzen liegt, dann nennst Du das Erfolg.

Wenn Du Deine Unendlichkeit erkennst, dann ist keine Handlung eine besondere Leistung.

Jeder, der für sich in Anspruch nimmt, erfolgreich zu sein, gibt damit nur seine Begrenzungen zu erkennen. Wenn Du Dich sehr erfolgreich fühlst, bedeutet das, dass Du Dich selbst unterschätzt hast. Alle Deine Leistungen können nur kleiner sein als Du.
Auf irgendwelche Leistungen stolz zu sein heißt, sich selbst kleiner zu machen.

Wie ist das mit dem Gefühl, nicht erfolgreich zu dienen?
Du magst das Gefühl haben, nicht genug getan zu haben, aber nicht, dass Du erfolglos warst. Wenn Du das Gefühl hast, nicht genügend getan zu haben, hast Du wirklich gedient.

Oslo, Norwegen 2.6.1999

Die Arbeit selbst macht Dich nicht so müde wie das Gefühl der Täterschaft.

Alle Deine Begabungen sind für andere da. Wenn Du eine schöne Stimme hast, erfreut sie andere Menschen. Wenn Du ein guter Koch bist, genießen andere Dein Essen. Wenn Du ein Buch schreibst, können andere es lesen. Wenn Du ein guter Zimmermann bist, dann baust Du Dinge, die andere benutzen können. Wenn Du ein guter Chirurg bist, behandelst Du andere, Du kannst Dich ja nicht selbst operieren. Wenn Du ein guter Lehrer bist, können andere durch Dich lernen. All Deine Arbeit und Begabungen sind für andere da.

Wenn Du Deine Begabungen nicht nutzt, werden sie Dir nicht wieder gegeben werden.

Europäisches Zentrum, Bad Antogast, Deutschland 24.7.1996

Wenn Du dienst, tust Du damit niemand anderem einen Gefallen. Seva belohnt Dich selbst unmittelbar. Deine Belohnung ist Dir gewiss, und sie ist immer größer als Dein Tun. Wenn Du eine Belohnung für Seva erwartest, wird Seva für Dich zur Anstrengung. Wenn Du denkst, dass Du viel getan hast, wirst Du sehr wenig tun; wenn Du meinst, dass Du wenig getan hast, dann wirst Du mehr tun.

Anstrengung bedeutet, dass es selbst nach einer Belohnung Klagen gibt. Seva bedeutet, dass es keine Klage gibt, auch wenn Du keine unmittelbare Belohnung erkennen kannst.
Sei dankbar für jede Gelegenheit, Seva zu tun.

Maui, Hawaii, USA 19.2.1997

Das erste Zeichen von Intelligenz ist, erst gar nichts anzufangen – erst gar nicht geboren zu werden.

Nachdem Du das verpasst hast, ist das zweite Zeichen von Intelligenz, das, was Du begonnen hast, auch weiterzuführen und zu beenden. Kurzsichtige Menschen suchen kurzfristigen Nutzen, vorausschauende Menschen suchen langfristigen Nutzen.

Ob Du dich selbst für intelligent hältst oder nicht – es führt kein Weg an Seva vorbei. Seva gibt Dir sofortige Befriedigung und auf lange Sicht Verdienste.

Rishikesh, Indien 18.5.1999

Je mehr Du gibst, desto mehr Stärke wird Dir gegeben werden.

Bangalore Ashram, Indien 24.9.1997

Wenn Du Leid und Freude anderer teilst, erweitert sich Dein Bewusstsein von individuellem zu universellem Bewusstsein. So wie Du wächst, sollte auch Dein Bewusstsein wachsen. Wenn Du im Laufe der Zeit im Wissen wächst, sind Depressionen nicht mehr möglich. Deine innerste Quelle ist Freude.

Universelles Elend zu teilen lässt Dich persönliches Elend überwinden. Universelle Freude zu teilen vergrößert Deine persönliche Freude. Anstatt zu denken: „Was ist mit mir? Welchen Nutzen kann ich aus dieser Welt ziehen?“, denke: „Was kann ich für diese Welt tun?“ Wenn jeder nur daran denkt, welchen Beitrag er für die Gesellschaft leisten kann, werden wir eine Göttliche Gesellschaft haben. Wir müssen unser individuelles Bewusstsein erziehen und ausbilden, damit es sich allmählich im Wissen ausweitet von „Was habe ich davon?“ zu „Was kann ich beitragen?“.

Wenn Du keine guten Erfahrungen in der Meditation hast, mache mehr Seva – Du wirst belohnt werden, und Deine Meditation wird tiefer sein. Wenn Du jemandem etwas Erleichterung oder Freiheit durch Seva bringst, kommen gute Schwingungen und Segen zu Dir. Seva belohnt Dich, ermöglicht Dir, tiefer in die Meditation zu gehen und die Meditation bringt Dir Dein Lächeln zurück.

St. Louis, Missouri, USA 13.6.1996

Viele Menschen hören mit Seva auf, weil ihnen ihr Selbstbild, Ansehen, Bedürfnis nach Respekt, ihre Bequemlichkeit und Annehmlichkeit wichtiger sind als ihr Ziel. Was ist Dir wichtiger?

Menschen schrecken vor Seva zurück oder hören damit auf, wenn ihnen die Arbeit nicht gefällt, wenn sie beleidigt werden, wenn sie das Gefühl haben, dass sie nicht das bekommen, was sie erwartet hatten und wenn die Arbeit auf ihr Ziel hin eher ein Kampf als eine Herausforderung wird. Und deshalb gelingt es nur wenigen Menschen auf der Welt, ihr wahres Ziel zu erreichen.

Bangalore Ashram, Indien 1.9.1999

Dienen ohne Pose
Liebe ohne Grund
Wissen ohne Verstand
Leben jenseits von Zeit und Ereignissen –
Das bist Du.

Bangalore Ashram, Indien 16.5.1996

Du kannst nicht entspannen, wenn Du etwas tun musst, das Du nicht schaffen kannst. Du kannst nicht entspannt sein, wenn Du fühlst, dass Du jemand sein sollst, der Du nicht bist.

Es wird nicht von Dir verlangt, etwas zu tun, das Du nicht kannst.
Es wird nicht von Dir verlangt, mehr zu geben als Du kannst.
Seva wird Dich nur vor Aufgaben stellen, die Du erfüllen kannst;
niemand will, dass Du jemand wirst, der Du nicht bist.

Diese Erkenntnis bringt Dir tiefe Ruhe. Du kannst nicht ruhen, wenn Du ehrgeizig oder träge bist. Diese beiden Zustände verhindern einen erfrischenden Schlaf. Ein fauler Mensch wälzt sich nachts im Bett herum und ist ruhelos, ein ehrgeiziger Mensch brennt innerlich.

Tiefe Ruhe kultiviert Deine Begabungen und Fähigkeiten und bringt Dich Deinem wahren Wesen näher. Schon die Ahnung des Gefühls, dass das Göttliche in Dir ist, wird Dir tiefe Ruhe geben. Gebet, Liebe und Meditation sind Aromen tiefer Ruhe.

Boston, Massachusetts, USA 6.5.1999

Ein Opfer zu bringen bedeutet, etwas loszulassen, an dem Du festhältst oder an dem Du hängst, etwas aufzugeben, woran Du Freude hast – für etwas Größeres, das Gutes bringen soll. Opfer gibt Deinem Leben Stärke. Leben ohne Opfer stagniert. Das Opfer ist ein Quantensprung, es bringt Dich auf eine höhere Ebene.

Oft denken Menschen, Opfer zu bringen mache das Leben dumpf und freudlos. In Wirklichkeit macht das Opfer das Leben lebenswert. Das Opfer kultiviert Deine Großmut und hilft Dir, aus dem Elend herauszukommen. Ein Leben ohne Opfer ist nichts wert. Eifer, Begeisterung, Stärke und Freude stehen alle mit dem Opfer in Verbindung.

Manche Menschen klagen: „Ich habe so viel geopfert." Das ist gut so. Der Gedanke an das Opfer hat ihnen die Kraft gegeben, sich zu beklagen, und es bewahrt sie davor, sich selbst zu tadeln. Sonst würden sie sogar noch depressiver. Opfer bleibt niemals unbelohnt.

Es kann keine Liebe, keine Weisheit und keine wahre Freude ohne Opfer geben. Opfer macht Dich heilig. Werde heilig!

Europäisches Zentrum, Bad Antogast, Deutschland 6.8.1997

Einfachheit wird fälschlicherweise oft mit Armut oder Selbstverleugnung gleichgesetzt. Sie hat nichts damit zu tun. Einfachheit entsteht aus Reife. Sie ist ein Zeichen sozialer Gesundheit.

Oft ärgern sich einfach lebende Menschen über den Reichtum anderer. Das ist sehr bedauernswert. Solche Einfachheit ist nicht aus Reife, sondern aus Zwang heraus entstanden. Wirkliche Einfachheit toleriert Reichtum und ist nie verärgert. Tatsächlich wird ein reifer Mensch Mitleid mit jemandem haben, der nicht einfach lebt.

Eitelkeit ist Armut des Geistes. Einfachheit befreit vom Stolz der Eitelkeit. Aber stolz auf Einfachheit zu sein ist schon wieder Eitelkeit. Einfachheit lehnt das Feiern nicht ab und durch Eitelkeit allein entsteht keine Feier. Feiern beginnt im Geist. Nur jemand, der reich im Geiste ist, kann bewusst einfach leben. Jemand, der materiell reich ist, aber arm im Geiste, kann weder feiern noch sich entwickeln.

Einfachheit entsteht aus Überfluss und Einfachheit bringt Überfluss. Wenn Du Mangel in einem Bereich Deines Lebens empfindest, dann fang sofort damit an, einfach zu leben. Einfachheit macht nicht nur frei, sondern auch großzügig und fürsorglich.

Bangalore Ashram, Indien 19.11.1998

Das Leben ist äußerst einfach und doch sehr vielschichtig. Du musst gleichzeitig auf beide Seiten des Lebens achten. Wenn Dir das Leben sehr kompliziert erscheint, wende Dich der Einfachheit zu. Einfachheit bringt Frieden. Wenn Du friedvoll bist, wende Dich der Vielschichtigkeit in Dir zu. Das wird Dich geschickter machen.

Wenn Du alles nur einfach siehst, wirst Du träge und stumpf. Nur mit der Vielschichtigkeit zu leben macht Dich wütend und frustriert. Intelligente Menschen bringen beide Seiten ins Gleichgewicht und genießen beide.

Wenn Du alles nur einfach siehst, gibt es kein Wachstum. Wenn Du nur auf die Vielschichtigkeit achtest, lähmt es Dein Leben. Du brauchst unbedingt ein geschickt hergestelltes Gleichgewicht. Wenn Du erkennst, dass das Leben sowohl einfach als auch kompliziert ist, wirst Du das Geschick erlangen, friedvoll zu sein.

Farben sind die Vielfalt des Lebens. Weiß ist die reine Einfachheit. Wenn Dein Herz rein ist, wird Dein Leben so bunt.

Rishikesh Ashram, Indien 26.3.1997

Dein Leben ist ein Geschenk.
Du bist gekommen, das Geschenk auszupacken.
Denke beim Auspacken daran, auch die Verpackung zu schonen.

Deine gesamte Umgebung, Deine Lebensumstände und Dein Körper sind das Geschenkpapier. Häufig zerreißen wir beim Auspacken das Packpapier. Wir sind manchmal in solcher Eile, dass wir sogar das Geschenk beschädigen.
Öffne Deine Geschenke geduldig und sorgfältig.
Schone die Verpackung!

Europäisches Zentrum, Bad Antogast, Deutschland 24.12.1997

In Ergebung neigt sich der Kopf und nähert sich dem Herzen. Der Kopf, der sich nicht neigt, hat keinen Wert. Ein starrer Kopf wird sich irgendwann neigen müssen, entweder in Ergebung oder aus Scham. Der Kopf, der sich in Ergebung neigt, wird sich niemals aus Scham neigen müssen.

Scham wird von Überheblichkeit begleitet und Liebe von Schüchternheit. Sieh nur, wie schüchtern Kinder sind. Schüchternheit ist natürlich und angeboren. Scham ist erworben, sie wird Dir von der Gesellschaft aufgezwungen. Scham bringt Schuldgefühle mit sich.

Schüchternheit trägt zu Deiner Schönheit bei.
Bewahre Deine Schüchternheit und lasse Deine Scham fallen.

London, Großbritannien 22.8.1996

Krishna sagt zu Arjuna: „Du bist mir sehr lieb", und dann fügt er hinzu, dass Arjuna sich jetzt ergeben muss. Ergebung beginnt mit der Annahme, dass Du vom Göttlichen über alles geliebt wirst.

Ergebung ist keine Handlung, sie ist eine Annahme. Nicht-Ergebung ist Unwissenheit. Nicht-Ergebung ist eine Illusion. Ergebung beginnt als eine Annahme, und dann offenbart sie sich als Wirklichkeit, und schließlich offenbart sie sich als Illusion, weil es keine zwei gibt, keine Dualität. Es gibt für niemanden eine isolierte, unabhängige Existenz, also gibt es nichts zu ergeben und nichts, dem man sich ergeben könnte. Du musst durch Ergebung hindurchgehen, um sie als Illusion zu erkennen.

Krishna sagt zu Arjuna nicht als erstes, dass er sich ergeben muss. Zuerst sagt er: „Du bist mir so lieb." Erst dann sagt er zu ihm: „Du hast keine Wahl, Du musst Dich ergeben, jetzt sofort oder später." Das ist der Weg der Liebe.

Lake Tahoe, Kalifornien, USA 9.7.1998

Die meisten von uns kommen auf diese Welt mit dem Samen des Gedankens: „Es ist nicht in Ordnung.“ Dann versuchen wir ein ganzes Leben lang Ereignisse, Menschen und Situationen zu korrigieren. Wieviel kannst Du korrigieren? Es ist, als ob Du die Wolken am Himmel neu ordnen wolltest. Dieser Same erlaubt es Dir nicht, glücklich zu sein, aus vollem Herzen zu lächeln, liebevoll und liebenswert zu sein. Er steckt ständig in Dir wie ein Dorn – störend und schmerzhaft. Dieser Same „Es ist nicht in Ordnung“ bringt Dich immer wieder in diese Welt zurück.

Wie kannst Du diesen Samen verbrennen? Erkenne einfach an, dass er da ist. Das kann geschehen, wenn Du tief in Dich hineinschaust und wenn Du meditierst. Manchmal fühlst Du auch, dass Dein Körper, Dein Geist, Dein Intellekt, Dein Gedächtnis und Dein Ego nicht in Ordnung sind.
Entweder rechtfertigst Du sie dann oder Du findest etwas an ihnen auszusetzen; aber sie sind auch ein Teil der Welt.
Erkenne die Unvollkommenheit an und übergib sie dem Göttlichen.

Vertraue der unendlichen organisierenden Kraft der Höchsten Intelligenz und fühle aufrichtig „Dein Wille geschehe“.
Dann wird der Same „Es ist nicht in Ordnung“ verbrannt. „Dein Wille geschehe“ ist ein Zustand vollkommener Zufriedenheit, ein Zustand reiner Liebe. Du musst noch nicht einmal eine Aussage über die Zukunft machen, es genügt: „Dein Wille geschieht jetzt.“

Also ist alles, was geschieht, Gottes Wille?
Ja, auch der Gedanke „Dies sollte nicht geschehen.“

Nordamerikanisches Zentrum, Montreal, Kanada 21.10.1998

Für viele Sucher ist das Haupthindernis auf dem Weg, dass sie sich ergeben wollen. Sage nicht, dass Du Dich ergeben willst. Erkenne, dass Du bereits ergeben bist.

Sich ergeben zu wollen, wird zu einem Hindernis auf dem Weg. Das ist wie mit einem Kind, das zur Mutter sagt: „Ich möchte Dich lieben." Kein Kind sagt jemals zu seiner Mutter: „Ich möchte Dich lieben." Die Liebe des Kindes ist selbstverständlich.

Ergebung ist keine Handlung, sie ist ein Zustand Deines Seins. Ob Du es zugibst oder nicht, Du bist ergeben. Die Weisen wachen auf und sehen es sofort, weniger Weise brauchen etwas länger.

Schau, Du hast keine Wahl. Tief in Dir bist Du ganz ergeben.

Chandigarh, Indien 23.3.2000

Es gibt der Lebenskraft eine Richtung, sich ein Ziel zu setzen, das man in bestimmter Zeit erreichen will, aber dazu ist Fantasie erforderlich. Die meisten Menschen haben wenig Fantasie, bleiben stecken und sind am Ende frustriert. Aber wenn Du ein Devotee, ein Gottergebener bist, sagst Du: „Dein Wille geschehe" und gehst unbeschwert auf Dein Ziel zu. Du wirst es mit Leichtigkeit erreichen.

Aber wir müssen unterscheiden: Manche Menschen sagen: „Lass Gott alles erledigen und gib Dich hin." Andere sagen: „Ich muss für alles verantwortlich sein." In Ergebung sagst Du: „Dein Wille geschehe", und „Dein Wille" bedeutet, dass Du Verantwortung für die ganze Welt übernimmst. Das scheint widersprüchlich zu sein – jedoch handelt es sich um die zwei Seiten derselben Münze.
Je ergebener Du bist, desto verantwortungsbewusster wirst Du.

Jemand, der verantwortungslos ist, kann sich nicht ergeben. Warum ist jemand verantwortungslos? Weil er faul oder ängstlich oder beides ist. Wenn Du faul oder ängstlich bist, kannst Du nicht lieben.

Vollkommene Verantwortung ist völlige Ergebung. Das ist etwas schwer zu verdauen, aber es ist die Wahrheit. Wir sind gewohnt, entweder zu sagen: „Ich übernehme die Verantwortung" oder: „Ich ergebe mich", aber ich sage Dir, dass beides Hand in Hand geht. Wenn Du dem Wissen ergeben bist, bist Du verpflichtet, es mit anderen zu teilen. Du übernimmst die Verantwortung dafür, dass es blüht.

Wenn Du Verantwortung übernimmst, dann verwirrt wirst oder auf Hindernisse stößt, denke daran, Dich zu ergeben. Diese einfache Handlung nimmt Dir das Gefühl der Schwere, das Gefühl, der Macher zu sein und gibt Dir die Kraft weiterzumachen.
Wenn Du wankelmütig wirst, denke daran, dass die Grundlage von Verantwortung Ergebung ist. Ergeben zu sein und gleichzeitig ohne Täterschaft die volle Verantwortung zu übernehmen – das ist die

Kunst der Weisen. Du kannst nicht völlig verantwortungslos sein. Begrenzte Verantwortung schwächt Dich. Ein wenig Wasser verdunstet in der Sonne schnell, aber das Meer trocknet nie aus.
Begrenzte Verantwortung laugt Dich aus, aber uneingeschränkte Verantwortung stärkt Dich und schenkt Dir Freude.

San José, Kalifornien, USA 11.7.1996

Selbstvertrauen erfordert enorm viel Mut, doch Ergebung braucht viel weniger Mut. Ein Mensch, der sich nicht ergeben kann, hat auch kein Selbstvertrauen. Selbstvertrauen enthält Ergebung, so wie fünfzig Euro zehn Euro enthalten. Wenn Du keine hundert Euro hast, kannst Du auch keine tausend Euro haben. Wenn Du nicht genug Mut zur Ergebung hast, dann ist es unmöglich, Selbstvertrauen zu haben. Menschen, die Angst haben sich zu ergeben, täuschen sich selbst, denn schon ein bisschen Angst ist schädlich für das Selbstvertrauen.

Oft denken Menschen, Ergebung sei ein Weg, sich aus der Verantwortung zu stehlen, und sie geben schließlich dem Göttlichen die Schuld für all ihre Schwierigkeiten. Wahre Ergebung bedeutet jedoch, die ganze Verantwortung für alles zu übernehmen. Wie? Übernimm die volle Verantwortung und bete dann um Hilfe.
Ergebung führt Dich schließlich zu Selbstvertrauen, weil es nichts anderes als das Selbst gibt.

Vierwaldstätter See, Schweiz 25.12.1996

In dem Wort Bhakti gibt es vier Buchstaben. Es setzt sich zusammen aus bha, ka, ta und i. Bha bedeutet Erfüllung und Nahrung. Ka bedeutet Wissen oder eine Methode, Wissen zu bekommen. Ta bedeutet retten, erlösen. I steht für Energie, Shakti.

Es gibt also vier Komponenten in Bhakti: Erfüllung und Nahrung, ein Weg Erkenntnis zu erlangen, Rettung und Energie. Bhakti rettet Dich, Bhakti nährt Dich. Bhakti ist die Methode, das richtige Wissen zu erkennen. Wenn Bhakti da ist, können keine Zweifel entstehen. Bhakti gibt Dir die meiste Energie. Bhakti enthält den Samen aller dieser Qualitäten. Alle Gefühlsaufwallungen, die Du durchmachst, kommen daher, dass Du Bhakti nicht kennst.

Es ist Bhakti, wenn alle intensiven Gefühle in eine Richtung fließen.

Was ist der Unterschied zwischen einem Fluss und einem überschwemmten Feld? Wenn Wasser innerhalb der Ufer fließt, ist es ein Fluss, wenn es über die Ufer tritt, ist es eine Flut. Wenn Deine Gefühle alles überschwemmen, ist Dein Geist in einem Durcheinander. Wenn alle starken Gefühle in eine Richtung fließen, so ist das äußerst kraftvoll, ist es Bhakti. Ein Zeichen von Intelligenz ist Ergebung oder Bhakti.

Trinidad, Karibik 15.1.1997

Alle Schwierigkeiten, denen Du im Leben gegenüberstehst, kommen daher, dass Du Ereignissen zuviel Wichtigkeit gibst. Die Ereignisse werden riesig, während Du klein bleibst. Stell Dir vor, du fährst mit dem Motorrad auf einer verkehrsreichen Straße und vor Dir fährt ein Fahrzeug, das schrecklich aus dem Auspuff qualmt. Du hast drei Möglichkeiten:

- Du schimpfst, erträgst es irgendwie und bleibst dennoch hinter dem Fahrzeug.
- Du fährst langsamer oder wartest eine Weile, damit sich der Abstand zwischen dir und dem Fahrzeug vergrößert.
- Du überholst das Fahrzeug geschickt und vergisst das Ganze.

Im ersten Fall werden die meisten von Euch in der Situation gefangen sein und fühlen sich elend, weil sie während der ganzen Fahrt die Abgase einatmen.

Im zweiten Fall bekommst Du keine andauernde Erleichterung, weil sich ein anderes größeres Fahrzeug vor Dich setzen könnte. Vor den Ereignissen zurückzuschrecken ist keine dauerhafte Lösung.

Kluge Menschen nutzen ihre Geschicklichkeit, um über das Ereignis hinauszuwachsen.

Wenn sich Dein Fahrzeug in einem tadellosen Zustand befindet, kannst Du Deine Geschicklichkeit wirksam einsetzen.
Durch die spirituellen Übungen – Sadhana – wartest Du das Fahrzeug. Und die Geschicklichkeit ist die Gnade des Meisters.

Bangalore Ashram, Indien 14.12.1995

Wenn Du Wasser in einen schlecht gebrannten Tonkrug gießt, bricht der Krug auseinander und das Wasser ist vergeudet. Wenn der Krug gut gebrannt und fest ist, dann macht es ihm nichts aus, wenn Du ihn mit Wasser füllst oder ihn in Wasser stellst.

Bangalore Ashram, Indien 12.9.1996

Konzentration schärft den Geist, und Entspannung dehnt den Geist aus. Ein ausgedehnter Geist ohne Schärfe kann sich nicht ganzheitlich entwickeln. Auf der anderen Seite verursacht ein scharfer Geist ohne Weite nur Spannung, Zorn und Enttäuschung.

Nur das Gleichgewicht von konzentriertem Geist und weitem Bewusstsein führt zu Vollkommenheit. Sudarshan Kriya und die Techniken unserer Kurse zielen darauf ab, ein Bewusstsein zu entwickeln, das scharf und unbegrenzt ist. Seva und Selbstverpflichtung spielen darin eine große Rolle, wie auch die Nahrung, die Du zu Dir nimmst, und Deine Haltung im Alltag.

Ein weites Bewusstsein ist Friede und Freude. Ein konzentriertes Bewusstsein ist Liebe und Kreativität. Ein Punkt des konzentrierten Bewusstseins ist das individuelle Selbst. Wenn jedes Atom des erweiterten Bewusstseins scharf und konzentriert ist, dann erwacht die Göttlichkeit.

Bangalore Ashram, Indien 26.11.1998

Yagnas sind uralte Methoden, das Feinstoffliche anzureichern, das individuelle und das kollektive Bewusstsein zu reinigen.

Yagnas haben drei Aspekte:

- Deva Puja: Verehrung des Göttlichen in all seinen Formen.
- Sangatikarna: Den Prozess der Evolution zu beschleunigen, in dem alle Menschen und alle Elemente der Schöpfung zusammengebracht werden.
- Dana: Teilen und weitergeben, womit Du gesegnet bist.

Bangalore Ashram, Indien 8.10.1997

Yagna erzeugt Energie und Energie erzeugt Bewusstsein. Höheres Bewusstsein bringt Dich der Wirklichkeit nahe, und die Wirklichkeit ist ein Zeuge.

Um zu erkennen, dass alles sich ereignet, brauchst Du höheres Bewusstsein.

Um höheres Bewusstsein zu erreichen, musst Du Prana vermehren.

Du kannst Prana vermehren durch

- Fasten oder frische Nahrung
- Kalte Bäder
- Völlige Erschöpfung ohne zu schlafen
- Emotionale Höhepunkte
- Singen
- Pranayamas, Sudarshan Kriya, Meditation
- Geben und Dienen ohne Täterschaft
- die Gegenwart des Meisters
- Stille

All das zusammen ist Yagna.

Lonay, Genfer See, Schweiz 7.10.1998

Je wacher Du bist, desto mehr Wissen wirst Du von Deiner ganzen Umgebung erhalten. Wenn Du nicht wach bist, dann ergibt selbst das wertvollste Wissen keinen Sinn.

Bewusstheit hängt von Deiner Fähigkeit ab, Deine Fenster zu öffnen und zu schließen. Wenn ein Gewitter kommt, musst Du Deine Fenster schließen, sonst wirst Du nass. Wenn es drinnen heiß und stickig ist, musst du Deine Fenster öffnen.

Deine Sinne sind wie Fenster. Wenn Du wach bist und die Fähigkeit hast, Deine Fenster nach Belieben zu öffnen und zu schließen, dann bist Du frei. Wenn sich Deine Fenster nicht öffnen und schließen lassen, wie Du es willst, dann bist Du gebunden. Sich hierum zu kümmern, ist Sadhana.

Stockholm, Schweden 13.8.1997

Die verschiedenen Organe unseres Körpers werden von verschiedenen Devas regiert. Das Sonnengeflecht steht mit der Sonne in Verbindung. Deswegen heißt es Sonnen-Geflecht. Es hat einen tiefgreifenden Einfluss auf das Zentralnervensystem, die Sehnerven, den Magen und das, was man gewöhnlich als „Gefühl im Bauch“ bezeichnet. Es ist das zweite Gehirn in unserem Körper.

Gewöhnlich ist das Sonnengeflecht etwas größer als eine Mandel. Durch Yoga-Asanas, Meditation und Sudarshan Kriya kann das Sonnengeflecht so groß wie eine menschliche Hand werden. Es kann dann die Körperfunktionen im Gleichgewicht halten. Wenn das Sonnengeflecht sich ausdehnt, verbessert sich die Intuition, der Verstand wird klar und zielgerichtet. Wenn sich das Sonnengeflecht zusammenzieht, fühlt man sich elend, traurig und bedrückt; alle möglichen negativen Gefühle treten dann auf. Wenn die ersten Sonnenstrahlen auf das Sonnengeflecht fallen, tut das Deinem Körper sehr gut. Den Tag mit der Yoga-Übung „Sonnengruß“ zu beginnen, ist eine ausgezeichnete Technik, um das Sonnengeflecht auszudehnen.

Krishna wurde Padmanabha genannt, das heißt „dessen Nabel so groß wie eine Lotusblume ist“. Du wirst außerordentlich kreativ, wenn Du Padmanabha geworden bist. Brahma, der Schöpfer, wurde aus einem erblühten Sonnengeflecht geboren.

Europäisches Zentrum, Bad Antogast, Deutschland 8.7.1997

Wenn Du nicht meditieren kannst, weil Dein Geist ständig schwatzt, dann sage Dir einfach, dass Du ein bisschen dumm bist. Dann wirst Du tief in die Meditation eintauchen können.

Dein Verstand ist ein kleiner Ausschnitt Deines gesamten Bewusstseins. Wenn Du nur in der Welt des Verstandes lebst, verpasst Du sehr, sehr viel. Glück erfährst Du, wenn Du die Grenze Deiner Verstandeswelt überschreitest. Wenn Du ehrfürchtig bist oder Dich dumm fühlst, überschreitest Du den Verstand.

Baltimore, Maryland, USA 17.6.1998

Was ist Langeweile? Langeweile ist eine Wiederholung ohne Anteilnahme oder Liebe. Sie führt zu einem eintönigen Gemütszustand. Langeweile überschattet das Selbst.

Die Wiederholung geistiger Übungen hat das Ziel, die Langeweile zu zerstören und Dich mit dem Selbst wieder zu vereinen. Hierbei kann Dir die Übung selbst langweilig werden, aber wenn Du weiter übst, durchstößt sie die Langeweile und zerstört sie ein für allemal.
Ob die Übung Dich erfreut oder langweilt – Du musst weitermachen. Nur Deine Übungen, Deine Sadhanas, können den Verstand zum Schweigen bringen. Das Selbst ist Liebe, und Liebe wiederholt sich immer. Deshalb gibt es in Liebesbriefen so viele Wiederholungen, aber für die Liebenden sind sie nicht langweilig. Rotte die Langeweile durch tiefe und regelmäßige Meditation aus!

Bangalore Ashram, Indien 15.11.1995

Nur ein bewusster, wacher und dynamischer Mensch kann sich langweilen. Ein dumpfer und träger Mensch langweilt sich nie. Wenn es Dir langweilig wird, dann zeigt das, dass Du lebendig bist, dass Du Dich entwickelst. Ein Tier beispielsweise macht immerzu dasselbe. Es langweilt sich nie. Kühe, Pferde und Vögel tun ihr ganzes Leben lang immer nur dasselbe.

Menschen essen, sehen fern, wechseln die Arbeit, wechseln den Partner, um der Langeweile zu entkommen. Dann sind sie enttäuscht, und diese Enttäuschung wirft sie in Trägheit zurück und in ein Leben ohne Bewusstheit.

Langeweile kommt nur in zwei Zuständen nicht vor:
Im Zustand völliger Trägheit oder im Zustand göttlichen Bewusstseins. Wenn Du Langeweile hast, dann zeigt das, dass Du Dich entwickelst. Langeweile bewegt Dich. Sei stolz auf Deine Langeweile und feiere!

Vulkan Arenal, Tabacon, Costa Rica 16.6.1999

Den Namen aufzulösen ist Bewusstheit.
Die Form aufzulösen ist Meditation.
Die Welt ist Name und Form.
Glückseligkeit überschreitet Name und Form.

Bangalore Ashram, Indien 24.9.1997

Du kannst nur etwas suchen, das Du kennst, und wenn Du es wirklich kennst, dann hast Du es schon, dann musst Du es nicht suchen. Du kannst nichts suchen, das Du nicht kennst.

Was immer Du suchst und wann immer Du es suchst, es ist immer nur das Eine, und das Eine ist das, was Du schon bist.

Deshalb kannst Du nichts suchen, was Du nicht kennst, und wenn Du weißt, was Du suchst, dann hast Du es schon. Wenn Du die Welt suchst, bekommst Du Elend, wenn Du den Weg aus dem Elend heraus finden willst, findest Du das Göttliche. Ein Mann verlor einen Cent, und als er danach in einem Gebüsch suchte, fand er einen riesigen Schatz. Er war nicht auf Schatzsuche, sondern er suchte seinen verlorenen Cent. Genauso kannst Du, wenn Du etwas suchst, etwas anderes bekommen und das kann viel größer sein als das, was Du verloren hast.

Die Wahrheit oder das Selbst können nicht auf direktem Weg gesucht werden.

Taipeh, Taiwan 17.5.2000

Es gibt sechs Kennzeichen eines Suchers:

- Er erkennt an, dass er sehr wenig weiß. Viele Menschen meinen, sie wüssten, wissen jedoch in Wirklichkeit nicht. Sie bleiben in ihrem begrenzten Wissen gefangen. So lernen sie nie. Daher ist der erste Schritt, einzusehen, dass man sehr wenig weiß.
- Er ist bereit zu lernen. Viele Menschen geben zu, dass sie nicht viel wissen, aber sie sind trotzdem nicht bereit zu lernen.
- Er urteilt nicht und ist geistig aufgeschlossen. Manche Menschen würden gerne lernen, aber ihre urteilende Haltung und ihre geistigen Scheuklappen machen es ihnen unmöglich.
- Er ist dem Weg vollkommen verpflichtet. Manche Menschen sind geistig aufgeschlossen, aber es fehlt ihnen es an innerer Verpflichtung und Zielstrebigkeit. Sie schnuppern ständig überall herum und machen deshalb keine Fortschritte auf ihrem Weg.
- Er stellt immer Wahrheit und Dienen vor den Genuss. Manch mal kommen selbst innerlich verpflichtete und zielstrebige Menschen vom Weg ab, weil sie kurzlebigen Vergnügen und Genüssen nachjagen.
- Er ist geduldig und ausdauernd. Manche Menschen sind inner lich verpflichtet, zielstrebig und werden nicht von Vergnügen beherrscht, aber wenn sie zu wenig Geduld und Ausdauer haben, werden sie ruhelos und entmutigt.

Bangalore Ashram, Indien 1.10.1997

Der Geist, der Vergnügen sucht, kann nicht gesammelt sein. Entweder suchst Du Vergnügen oder Du kommst zu mir. Wenn Du in Deiner Mitte bist, kommen ohnehin alle Freuden zu Dir, aber sie verlieren ihren verführerischen Reiz. Dies ist die Kunst des Lebens. Wenn Du Dein Leiden genießt, kannst Du nicht in Deiner Mitte sein und bist weit entfernt von Deinem Weg. Der Geist, der Vergnügen sucht oder das Leiden genießt, kann niemals das Höchste erreichen. Wenn Du hinter Vergnügen her bist, vergiss den Satsang. Warum verschwendest Du Deine Zeit?

Bangalore Ashram, Indien 12.12.1996

Wann hast Du für das Göttliche Zeit? Meistens nimmst Du die Zeit, die Du übrig hast, wenn es nichts anderes zu tun gibt – wenn keine Gäste kommen, wenn es keine Parties oder keine netten Filme gibt. Solche Zeit gibst Du großzügig her, aber diese Zeit hat keine hohe Qualität.

Gib dem Göttlichen die beste Zeit. Dafür wirst Du belohnt werden. Wenn Deine Gebete nicht erhört werden, so liegt es daran, dass Du dem Göttlichen nie die beste Zeit gegeben hast. Gib dem Satsang und der Meditation die oberste Priorität.

Kauai, Hawaii, USA 24.1.1996

Warum brauchen Menschen Häuser? Können sie wie Tiere im Wald ohne ein Dach über dem Kopf leben? Der Mensch braucht Schutz vor den Unbilden der Natur, deshalb baut er sich ein Haus, einen schützenden Raum für sein körperliches Wohlergehen. Satsang ist der Raum für spirituelles und geistiges Wohlergehen.

Jemand, der keinen Satsang macht, ist wie ein wild lebendes Tier. Nur Satsang macht Dich kultiviert. Satsang ist der Schutz vor den Wechselfällen und Härten des Lebens. Satsang ist das Nest, in dem Du ausruhen kannst. Wenn Du Dir Glück nehmen willst, erhältst Du Elend. Wenn Du Glück schenkst, erhältst Du Freude und Liebe.

Kalkutta, Indien 17.4.1997

Es gibt ein altes Sanskrit-Sprichwort, das besagt:
Die Worte von Rishis – Sehern – und erleuchteten Menschen werden unmittelbar in Erfahrung übertragen.

Dein ganzer Körper setzt sich aus Atomen zusammen. Wenn Du Bhajans singst, wird die Schallenergie von jedem Atom Deines Körpers aufgenommen. Wie ein Mikrofon Schall aufnimmt und in elektrische Impulse umwandelt, so nimmt Dein Körper Schall auf und wandelt ihn in Bewusstsein um. Wenn Du Bhajans singst, saugt sich Dein ganzer Körper voll Energie und Du wirst verwandelt. Wenn Du Dir Klatsch anhörst oder gewalttätige Musik hörst, dann wird eben das von Deinem Körper aufgenommen. Wenn Du dem Wissen lauschst oder aus tiefstem Herzen singst, dann wird Dein Bewusstsein erhöht.

Bangalore Ashram, Indien 14.5.1999

Wir tun für gewöhnlich nur, was zweckvoll, nützlich und rational ist. Alles, was Du siehst, siehst Du durch den rationalen Geist. Aber eine Intuition, eine Entdeckung, neues Wissen gehen über den rationalen Geist hinaus. Wahrheit liegt jenseits des rationalen Geistes. Der rationale Geist ist festgelegt wie ein Eisenbahngleis. Ein Flugzeug hat keine Gleise, es kann überall hin fliegen. Ein Ballon kann überall hin treiben.

Manche Menschen verlassen den rationalen Geist, um gegen die Gesellschaft zu rebellieren. Sie wollen das Gesetz der Gesellschaft brechen – um ihres Ego willen. Sie tun dies aus Hass, Aufsässigkeit oder aus dem Wunsch heraus, Aufmerksamkeit zu bekommen. Das ist nicht das wirkliche Heraustreten aus dem rationalen Geist, obwohl sie es meinen.

Wir treten aus dem rationalen Geist heraus, wenn wir etwas tun, das keinen Zweck verfolgt. Wenn es keinen Zweck gibt, wird aus der Handlung ein Spiel. Das Leben wird leichter. Wenn Du nur in rationalen Handlungen festgefahren bist, wird das Leben zu einer Last. Nimm an, Du spielst ein Spiel, ohne einen Gedanken darauf zu verschwenden, ob Du gewinnst oder verlierst und handelst einfach irrational. Ohne Zweck und Ziel zu handeln, das ist Freiheit, wie ein Tanz.

Tritt also einfach heraus aus dem rationalen Geist, und Du wirst eine größere Freiheit, eine unermessliche Tiefe finden, und Du wirst der Wirklichkeit unmittelbar begegnen. Die Wirklichkeit überschreitet die Logik und den rationalen Geist. Bevor Du den rationalen Geist nicht überschreitest, wirst Du keinen Zugang zur Kreativität und zum Unendlichen erlangen.

Aber wenn Du irrational handelst, um Freiheit zu finden, dann hat das schon wieder einen Zweck und eine Bedeutung. Das ist dann schon nicht mehr irrational, damit sind die Möglichkeiten verschenkt. Durchbrich die Barriere des rationalen Geistes und finde die Freiheit!

New York City, USA 10.6.1998

Bildung hat fünf Aspekte:

- Information – ist nur ein Bereich der Bildung, aber oft denken wir, sie sei schon Bildung.
- Ideen – Ideen sind die Grundlage aller Forschung. Man muss Ideen entwickeln, um Neues zu schaffen.
- Geisteshaltung – ein wesentlicher Bereich der Erziehung ist, die richtige Geisteshaltung zu pflegen, die unsere Handlungen und unser Verhalten bestimmt.
- Fantasie – Fantasie ist wesentlich für die Kreativität, für die Künste. Aber wenn man in der Welt der Fantasie hängenbleibt, kann man verrückt werden.
- Freiheit – Freiheit ist Dein eigentliches Wesen. Nur in Freiheit blühen Freude, Großzügigkeit und andere menschliche Werte. Ohne Freiheit wird die Fantasie träge, die Geisteshaltung erstickend, Information wertlos und gedankliche Entwürfe werden zur Last.

Bangalore Ashram, Indien 7.6.2000

Der Eine, der dir alles gegeben hat, hat Dir auch Freiheit gegeben. Ehre die Freiheit und mache guten Gebrauch von all den Dingen, die Dir gegeben sind.

Bangalore Ashram, Indien 16.10.1996

Um unvoreingenommen zu denken, musst Du von allen Eindrücken frei sein. Lass alle Eindrücke sofort, in diesem Augenblick fallen, und sei hohl und leer. Allein die Absicht, jetzt frei zu sein, befreit dich sofort. Die Erkenntnis, dass Freiheit Dein wahres Wesen ist, gibt Dir ungeheuer viel Energie – Shakti.

Pandalam, Kerala, Indien 2.12.1999

Der Vollmond von Raksha Bandhan ist den Sehern gewidmet – den Rishis. Bandhan bedeutet Bindung, Raksha bedeutet Schutz: eine Bindung, die Dich schützt. Deine Bindung an das Wissen, an den Meister, an die Wahrheit, an das Selbst – all das rettet Dich. Ein Seil kann geknotet werden, um Dich zu schützen oder Dich zu ersticken. Der kleine Geist und weltliche Dinge können Dich ersticken. Der Große Geist und das Wissen retten Dich. Raksha Bandhan ist die Bindung, die Dich rettet. Du bist gebunden durch Deine Bindung an Satsang. Deine Bindung an den Meister, an die Wahrheit, an das alte Wissen der Rishis ist Dein Retter. Bindung einzugehen ist wesentlich im Leben. Lass es eine Bindung an das Göttliche sein – in einem Leben frei von Bindung.

Bellund, Dänemark 20.8.1997

Freiheit und Disziplin sind Gegensätze und ergänzen einander. Der Zweck von Verteidigung liegt darin, die Freiheit zu schützen. Gibt es aber Freiheit in der Verteidigung? Haben Soldaten Freiheit? Nein, sie sind völlig unfrei, sie dürfen nicht einmal mit dem rechten Bein losmarschieren, wenn befohlen wurde, mit dem linken zu beginnen. Ihre Schritte sind vorgeschrieben, sie dürfen nicht in ihrem natürlichen Rhythmus gehen. In der Verteidigung gibt es überhaupt keine Freiheit. Was selbst absolut unfrei ist, schützt die Freiheit des Landes! Genauso ist es mit der Polizei; sie schützt die Freiheit des Einzelnen. Aber sind Polizisten frei?

Disziplin schützt Freiheit. Beide gehen Hand in Hand. Verstehe das und gehe in Deinem Leben voran. Du unterliegst einigen Einschränkungen und die sind es, die Dir Freiheit einräumen. Du kannst wählen, ob Du auf die Freiheit oder die Disziplin schauen willst, und das macht Dich glücklich oder unglücklich. Freiheit ohne Disziplin ist wie ein Land ohne Verteidigung. Die Angst vor dem Verlust der Freiheit stärkt die Bereitschaft zur Verteidigung.
Der Zweck der Verteidigung ist es, die Angst zu beseitigen.

Zäune sollten Zäune sein. Zäune können nicht quer über Dein Grundstück gezogen werden. Wenn Du überall Zäune hast, wie kannst du dann ein Haus bauen? Der Zustand absoluter Freiheit ist zu schwierig. Wir müssen ganz pragmatisch sein. Ja, es gibt einen Zustand grenzenloser Glückseligkeit, der Freiheit, von der Advaita spricht. Aber das Advaita-Wissen ist vollkommen missbraucht oder den eigenen Launen und Annehmlichkeiten entsprechend gebraucht worden. Du musst im Geiste gewahr sein, von Herzen lieben und rechtschaffen handeln. Liebe und Angst sind zwei Möglichkeiten, Dich auf den richtigen Weg zu bringen. Auf diesem Weg ist Wissen Deine Freiheit – und auch Deine Verteidigung.

Bangalore Ashram, Indien 10.10. 1995

Menschen, die keine Disziplin haben, bedauern das oft und versprechen, disziplinierter zu werden. Menschen, die diszipliniert sind, schauen auf das Ziel der Disziplin, denn Disziplin ist kein Selbstzweck, sondern ein Mittel zum Zweck.

Schau Dir Menschen an, die keine Disziplin haben: es geht ihnen schlecht. Freiheit ohne Disziplin ist ein absolutes Unglück. Disziplin ohne Freiheit ist erdrückend. Ordentlichkeit ist eintönig und Chaos ist aufreibend. Wir müssen unsere Disziplin frei und unsere Freiheit diszipliniert machen.

Menschen, die immer in Gesellschaft sind, suchen nach den Annehmlichkeiten des Alleinseins. Menschen, die in der Einsamkeit leben, fühlen sich allein und suchen Gesellschaft. Menschen an einem kalten Ort möchten an einem warmen Ort sein, Menschen an einem warmen Ort lieben etwas Kühles. Das ist das Dilemma des Lebens: Jeder sucht das vollkommene Gleichgewicht. Vollkommenes Gleichgewicht ist wie des Messers Schneide. Es kann nur im Selbst gefunden werden.

Europäisches Zentrum, Bad Antogast, Deutschland 2.10.1996

Initiation wird „Diksha“ genannt. In Sanskrit bedeutet „Di“ Intellekt, „Ksha“ heißt Horizont oder Ende. „Diksha“ bedeutet, über den Intellekt hinauszugehen.

Erziehung heißt „Shiksha“, der Horizont der Disziplin, totale Disziplin. Disziplin wird für die Erziehung benötigt, „Diksha“ wird für die Meditation benötigt.

Ein Lehrer vermittelt Shiksha, ein Guru vermittelt Diksha. Ein Guru führt Dich über den Intellekt hinaus in das Reich des Seins. Das ist eine Reise vom Kopf zum Herzen.

Erblühen jenseits des Intellekts ist Diksha. Wenn Du nicht über den Intellekt hinausgehst, wirst Du nicht lächeln, wirst Du nicht lachen. Wenn aber Diksha geschieht, dann bist Du froh, glückselig und zufrieden und der Durst nach Wissen ist gelöscht.

Vollkommene Disziplin ist Shiksha.
Vollkommene Intelligenz ist Diksha.

Kalkutta, Indien 25.2.1999

Wie Fische im Wasser, so bist Du in der Luft, sind Gedanken im Geist. Der Geist ruht im Großen Geist. Der Große Geist in mir ist Liebe. Gefühle sind kleine Wellen in der Liebe. Liebe ist ganz Wissen.

Jedes Atom des Großen Geistes ist mit Wissen vollgestopft. Wenn Du das begreifst, hörst Du auf zu suchen. Du suchst, bis Du zum Meister kommst. Du läufst, bis Du zum Wasser kommst. Im Wasser läufst oder rennst Du nicht, Du schwimmst oder lässt Dich treiben. Wenn Du erst beim Meister angekommen bist, hörst Du auf zu suchen und beginnst zu erblühen.

Du bist Wissen. Jedes Atom in Dir schimmert vor Wissen. Das heißt „Go". „Go" hat vier Bedeutungen: Wissen, Bewegung, Vollendung, Freiheit oder Befreiung. „Pal" heißt Freund oder Beschützer – einer, der sich um etwas kümmert.
Sei ein „Go-Pal", sei ein „Wissensfreund".

Oft schließt Du mit anderen Freundschaft dadurch, dass Du mit ihnen Klatsch und Tratsch austauschst, dass Ihr Euch gemeinsam über etwas beklagt oder dadurch, dass Ihr ähnliche Vorlieben oder Abneigungen habt, gemeinsame Feinde oder gemeinsame Probleme, ein gemeinsames Ziel oder eine gemeinsame Sucht.

Es ist selten, dass Menschen im Wissen zusammenfinden. Sei ein Wissensfreund. Hebt Euch gegenseitig durch Wissen empor. Alle Satsang-Teilnehmer sind Gopals, die im Wissen und für das Wissen zusammenkommen und sich gegenseitig an das Wissen erinnern. Das ist Gopal, ein Beschützer des Wissens.

Melbourne, Australien 13.9.1995

Wissen ist eine Last,
wenn es Dir Deine Unschuld raubt.
Wissen ist eine Last,
wenn es Dir das Gefühl gibt, Du seiest jemand besonderes.
Wissen ist eine Last,
wenn es Dir den Eindruck vermittelt, Du seiest wissend.
Wissen ist eine Last,
wenn es nicht in Dein Leben integriert ist.
Wissen ist eine Last,
wenn es Dir keine Freude bringt.
Wissen ist eine Last,
wenn es dich nicht befreit.

Bangalore Ashram, Indien 19.8.1999

Wenn Du das Göttliche liebst, kannst du das Wissen verdauen. Liebe ist der Aperitif, Seva der Magensaft; ohne Liebe und Seva wird Wissen unverdaulich.

Los Angeles, Kalifornien, USA 30.1.1997

Alles hier ist wiederaufbereitet. Die Erde ist Millionen von Jahren alt – die Gebirge, das Wasser, die Luft. Milliarden von Menschen haben dieselbe Luft geatmet.

Du bist wiederaufbereitet, alle Teilchen in Deinem Körper sind alt, Deine Gedanken und Gefühle sind wiederaufbereitet, Dein Geist ist wiederaufbereitet.

Bewusstsein ist wiederaufbereitet, es ist dasselbe alte Bewusstsein.

Denk immer daran, dass alles hier wiederaufbereitete Materie ist – also entspanne Dich! Alles geht dorthin zurück, woher es gekommen ist. Wiederaufbereitung macht alles wieder sauber und hygienisch.

Wissen bereitet den Geist wieder auf. Wissen hält alles frisch. Daher kann dieselbe Schöpfung immer wieder aufbereitet werden. Ein im Wissen gegründeter Geist empfindet alles als neu und frisch.
Wenn Du Deinen Geist nicht mit Wissen erfüllst, verfault er.
Wissen macht den Geist wieder rein.
Wiederaufbereitung schafft Reinheit.

Europäisches Zentrum, Bad Antogast, Deutschland 30.12.1998

Guruji, was ist Deine Botschaft?

Ich habe keine Botschaft. Um eine Botschaft zu bringen, musst Du von weit her kommen. Ohne Distanz keine Botschaft. Eine Botschaft kommt aus der Vergangenheit oder aus der Zukunft. Eine Botschaft ist unpersönlich und leblos. Wissen kann keine Botschaft sein.
Der Weise wird Dir keine Botschaft bringen, sondern Dich einfach aufwecken.

Gott wird Dir keine Botschaft bringen. Gott müsste sehr weit von Dir weg sein, um Dir eine Botschaft zu bringen. Gott ist näher bei Dir als Dein Atem. Wie kann er Dir da eine Botschaft bringen?

Der Weise braucht keine Botschaft noch überbringt er eine, und wer eine Botschaft braucht, wird keinen Nutzen daraus ziehen können. Wer die Botschaft nutzen kann, der wird sie nicht benötigen.

Was ist der Unterschied zwischen Wissen und Botschaft?
Du kannst eine Speisekarte lesen – die Botschaft – aber erst wenn Du das Essen schmeckst, wird aus der Information Wissen. Du kannst immer wieder darüber lesen, was es heißt in der Gegenwart zu leben, aber es wird erst zu Wissen, wenn Du es erlebst.

Salvador, Bahia, Brasilien 9.6.1999

Wissen hat ein Ziel. Das gilt auch für Schülerschaft, denn das Ziel des Schülers ist es, Wissen zu erwerben und seine Studien zu beenden.

Wenn Du einmal das Gewässer überquert hast, verlässt Du das Boot, ganz gleich, wie angenehm das Boot ist. Nach zwölf Jahren bringt der Schüler seine Studien zu Ende. Der Meister führt eine Zeremonie durch, die Samavartha heißt, in der er dem Schüler mitteilt, dass seine Schülerschaft jetzt endet, ihn auffordert, sich jetzt als dem Meister gleichgestellt zu betrachten und das Brahman sich kraftvoll offenbaren zu lassen.

Sakha ist ein Gefährte im Leben und im Tod – auf immer.
Auf dem Weg der Liebe gibt es weder Anfang noch Ende.
Der Sakha will nur die Geliebte oder den Geliebten. Er macht sich nichts aus dem Wissen oder aus Befreiung. Sehnsucht macht die Liebe unvollständig, macht sie unendlich. Unendlichkeit kann niemals vollständig sein.

Arjuna war gegenüber Krishna ein Sakha, und obwohl Krishna der vollkommene Meister war, war auch er ein Sakha.
Was bist Du:
ein Shishya – Schüler – oder ein Sakha – Gefährte?

Halifax, Nova Scotia, Kanada 17.10.1995

Es gibt drei Dinge: Das Selbst, die Sinne und die Welt oder das Objekt. Und es gibt drei Worte: Sukha (Vergnügen), Dukha (Kummer) und Sakha (Gefährte). Diese drei Worte haben die Silbe „kha“ gemeinsam, „kha“ bedeutet Sinne.

Das Selbst erfährt die Welt durch die Sinne. Wenn die Sinne beim Selbst sind, ist das Vergnügen (Sukha), denn das Selbst ist die Quelle aller Freude, allen Vergnügens. Wenn die Sinne dem Selbst fern sind (Dukha), sich in der Welt verlieren, ist das Elend.

Das Wesen des Selbst ist Freude. Bei jedem angenehmen Erlebnis schließt Du Deine Augen: wenn Du an einer schönen Blume riechst, etwas Schönes schmeckst oder berührst. Sukha bringt Dich zum Selbst. Dukha entfernt Dich vom Selbst. Kummer heißt einfach nur, dass Du Dich in der sich ständig verändernden Welt verfangen hast, anstatt Dich auf das Selbst zu konzentrieren, das unveränderlich ist. Alles, was Du durch die Sinne erfährst, ist nichts als ein Sprungbrett, von dem aus Du in das Selbst springst.

Sakha, Gefährte, bedeutet: „Er ist die Sinne“. Sakha ist einer, der zu Deinen Sinnen geworden ist, der Deine Sinne ist.
Wenn Du meine Sinne bist, dann heißt das, ich bekomme Wissen durch Dich, Du bist mein sechster Sinn. Wie ich meinem Geist vertraue, so vertraue ich Dir. Ein Freund könnte lediglich ein Sinnesobjekt sein, aber ein Sakha ist zu Deinen eigenen Sinnen geworden.

Der Sakha ist der Gefährte, der in beiden Erfahrungen bei Dir ist, im Kummer wie im Vergnügen. Sakha ist einer, der Dich zum Selbst zurückführt. Wenn Du in der Welt stecken bleibst, dann ist die Weisheit, die Dich zum Selbst zurückführt, der Sakha. Wissen ist Dein Gefährte, und der Meister ist die Verkörperung des Wissens. Sakha heißt: „Er ist meine Sinne, ich sehe die Welt durch diese Weisheit, durch ihn.“

Wenn Deine Sinne auf das Göttliche gerichtet sind, dann siehst Du die ganze Welt durch das Göttliche. Dein Kopf wird in ein paar Jahren unter der Erde liegen; stopfe keinen Müll in Deinen Kopf, solange Du noch lebst!

Nordamerikanisches Zentrum, Montreal, Kanada 24.10.1995

Folge mir nicht! Tatsächlich kannst Du mir gar nicht folgen. Denn ich bin hinter Dir. Ich bin hinter Dir, um Dich vorwärts zu drängen. Du musst alles zurücklassen und voranschreiten.
Alles – Deine Erfahrungen, Deine Beziehungen – alles ist ein Teil der Vergangenheit. Lass die ganze Welt Deiner Erinnerungen hinter Dir, mich eingeschlossen! Lass alles fallen, geh weiter und sei frei. Höre auf, nach mehr zu suchen. Dann wirst Du frei sein und eine Quelle des Mitgefühls werden.

Es gibt eine Art von „Folge mir nicht“, die aus Angst oder Widerspenstigkeit entsteht. Das andere „Folge mir nicht“ kommt aus einem erhöhten Bewusstsein.

Du kannst mir nicht folgen, weil ich hinter Dir und in Dir bin.
Viel zu lange bist Du wie ein Schaf gefolgt.
Jetzt ist es an der Zeit, ein Löwe zu sein.

Zen-Kloster, Blois, Frankreich 22.4.1998

Der Meister ist wie eine Eingangstür. Diese Tür muss anziehender als die Welt sein, damit es Dich dorthin zieht. Du läufst durch die Straßen einer Stadt, es regnet oder gewittert, Du brauchst ein Dach über dem Kopf. Du schaust Dich um und findest den Hauseingang. Du kommst zur Tür, und die ist viel einladender, reizender, festlicher und freundlicher als alles andere in der Welt. Nichts auf der Welt kann so viel Frieden, Freude und Vergnügen bringen. Du trittst durch die Tür ins Haus ein und siehst die Welt von dort aus. Du siehst die Welt mit den Augen des Meisters. Das ist ein Zeichen, dass Du beim Meister angekommen bist. Sonst stündest Du immer noch auf der Straße und schautest auf die Tür.

Wenn Du einmal durch die Tür getreten bist, dann siehst Du die ganze Welt mit den Augen des Meisters. Was bedeutet das? In jeder Situation, in die Du gerätst, wirst Du denken: „Wenn der Meister in dieser Lage wäre, wie würde Er damit umgehen? Wenn jemand den Meister derartig beschuldigen würde, was würde Er tun?"

Sieh die Welt jederzeit mit den Augen des Meisters. Dann sieht die Welt viel schöner aus. Sie ist dann kein scheußlicher Ort, sondern ein Ort voller Liebe, Freude, Zusammenarbeit, Mitgefühl und voller Tugenden. Dann macht die Welt so viel mehr Spaß. Wenn Du durch den Hauseingang hinausschaust, hast Du keine Angst mehr. Deine Beziehung zu anderen Menschen wird angstfrei sein, weil Du geschützt bist.

Vom Inneren Deines Hauses aus wirst Du das Gewitter betrachten, den Sturm, den Regen, die strahlende Sonne ansehen. Drinnen hast Du eine Klimaanlage, eine angenehme Temperatur. Draußen ist es heiß und unangenehm, aber das macht Dir nichts aus, weil es nichts gibt, was Dich wirklich ablenken, stören oder Dich Deiner Fülle berauben kann. Ein starkes Gefühl von Sicherheit, von Fülle und Freude steigt in Dir auf. Darin liegt der Sinn, einen Meister zu haben.

Alle Beziehungen in der Welt gehen einmal schief. Du gehst Beziehungen ein und beendest sie. Alle Beziehungen können abbrechen, neu geknüpft werden und erneut abbrechen. Es gibt Verlangen und Abneigung. Das ist die Welt. Das ist „Samsara". Aber zum Meister gibt es keine Beziehung. Der Meister ist die Gegenwart.

Was musst Du tun, um die Gegenwart des Meisters zu spüren, um zu vermeiden, dass Du eine Beziehung daraus machst? Mache den Meister nicht zu einem Teil Deiner Welt! Wenn Du ihn zu einem Teil Deiner Welt machst, entsteht wieder derselbe Gefühlsmüll. „Er hat mich nicht angeschaut .... Er hat dies gesagt .... Er hat das nicht gesagt ... Jemand steht Ihm nahe, ich stehe Ihm nicht so nahe."

Fühle nur die Gegenwart des Meisters, die ist ewig, die war früher da, ist jetzt da und wird in der Zukunft für Dich da sein.
Der Meister ist die Gegenwart.
Die Welt ist Relativität und Relativität hat Begrenzungen.

Die Gegenwart ist unbegrenzt. Die Gegenwart ist unermesslich, unendlich und allumfassend, alles einschließend. Jede Beziehung in Deinem Leben wird durch die Gegenwart des Meisters vollkommen.

Nordamerikanisches Zentrum, Montreal, Kanada 12.7.1995

Wenn Du Dich dem Meister nicht nahe fühlst, so liegt das an dir, an Deinem Verstand, Deinen Ego-Denkmustern. Erzähle dem Meister das, was Dir sehr wichtig oder persönlich ist. Sei nicht schamhaft oder schüchtern, und beurteile Dich nicht selbst. Wenn Du dem Meister gegenüber auf einer förmlichen Gesprächsebene bleibst, wenn Du ihm gegenüber nicht zum Ausdruck bringst, was Dir sehr wichtig und persönlich ist, dann wirst Du keine Nähe spüren. „Wie geht's?....Wohin fährst Du?....Wie ist es Dir ergangen?" Höre mit den förmlichen und oberflächlichen Gesprächen mit dem Meister auf und sprich aus tiefstem Herzen das aus, was für Dein Leben sehr wichtig und persönlich ist, was wirklich tief geht.

Rede nicht über unwichtige weltliche Dinge.

Wenn Du Dich dem Meister nicht nahe fühlst, hat es keinen Sinn, überhaupt einen Meister zu haben. Er ist Dir dann nur eine weitere Last und davon hast Du schon genug.
Sage einfach „Auf Wiedersehen" und wirf sie ab.

Du bist beim Meister, um die Freude und das Bewusstsein des Meisters zu teilen. Dazu musst Du aus Deinem Becher das ausleeren, was sich darin befindet und es mit dem Meister teilen.

Du teilst alles, was Du hast und urteilst nicht „ach, das ist nur Müll". Der Meister ist bereit, jeden beliebigen Müll in jeder beliebigen Menge anzunehmen. Wie Du auch bist, er wird Dich umarmen.
Er ist bereit zu teilen. Du musst nur auch dazu bereit sein.

Big Sur, Kalifornien, USA 21.6.1995

In der Gegenwart Deines Meisters erblüht Wissen, schwinden Sorgen dahin, steigt ohne Grund Freude auf, verschwindet der Mangel, erscheint Überfluss, manifestieren sich alle Begabungen.

In dem Maße, in dem Du Dich mit Deinem Meister verbunden fühlst, manifestieren sich diese Qualitäten in Deinem Leben.

Bangalore Ashram, Indien 24.9.1997

Häufig betrachten wir das, was universell ist, nicht als persönlich und was persönlich ist, nicht als allen gehörend.
Was „mein" ist und was „universell" ist, sehen wir als vollkommen gegensätzlich an. Das ist die Ursache von Gier, Angst, Eifersucht und Unzufriedenheit.

Wache auf und erkenne, dass der Herr des Universums für Dich sehr persönlich ist. Dein persönlicher Meister ist der Meister der ganzen Welt. Der Meister ist Dein wahres Selbst, und Dein Selbst ist das wahre Leben in jedem Wesen. Mache das Universelle persönlich; das macht Dich reicher, weiser und stärker. Mache das Persönliche universell und Du wirst Freiheit, Mitgefühl und Liebe finden.

Tahoe1 City, Kalifornien, USA 23.7.1997

Ein Meister reiste einmal in einer Provinz Indiens und sein Schüler folgte ihm im Abstand von einigen Metern. Ein paar freche und unverschämte Jungen ärgerten den Schüler, bewarfen ihn mit Steinen und beschimpften ihn. Das ging einige Zeit so weiter, die Jungen liefen dem Meister und seinem Schüler hinterher. Sie kamen an einen Fluss. Der Meister und sein Schüler stiegen in ein Boot, um den Fluss zu überqueren. Die Jungen folgten in einem anderen Boot, das jedoch zu sinken begann, als sie die Mitte des Flusses erreicht hatten.

Der Meister schlug dem Schüler ins Gesicht. Der Schüler war sehr erstaunt, hatte er doch den Jungen kein Wort auf ihren Hohn und Spott erwidert. Er war so ein guter Schüler gewesen und dennoch hatte ihn der Meister geschlagen.

Der Meister sagte: „Es ist Deine Schuld. Du bist dafür verantwortlich, dass ihr Boot sinkt. Du hast auf ihre Beleidigungen nicht reagiert. Die Natur hat sie nun auf schlimmere Weise gestraft, weil Du nicht genug Mitgefühl hattest, ihren Beleidigungen ein Ende zu machen."

Die Ohrfeige des Meisters nahm das Karma dieses Ereignisses fort, so dass es nicht in die Zukunft der Jungen getragen wurde.
Sie diente auch dazu, dem Schüler das letzte bisschen Schadenfreude zu nehmen, das er gefühlt haben könnte, als er das Boot der Jungen sinken sah.

Damit nahm der Schlag auch dem Schüler das Karma dieses Ereignisses.

Der Zorn des Erleuchteten ist also ein Segen!

Hier und jetzt, 31.8.1995

Ein Baumeister verwendet für einen Tempel alle Arten von Steinen. Bestimmte Steine verwendet er für das Fundament, sie sind später von außen unsichtbar. Aus anderen Steinen macht er die Säulen und Wände des Tempels. Aus wiederum anderen Steinen macht er die Treppenstufen und noch andere werden zum Turm des Tempels. Nur die schönsten Steine, die besonders gut bearbeitet werden können, werden zu einer Skulptur der Gottheit, die im Tempel aufgestellt wird. Wenn ein Stein zu einem Teil des

Tempels wird, ist er nicht mehr nur ein Stein. Er wird zu einer Skulptur, einem Kunstwerk, er wird zur lebendigen Gottheit. In gleicher Weise kommen viele Menschen zum Meister. Dem Maß ihrer Ergebung entsprechend werden sie vom Meister eingesetzt. Alle sind wichtig und wesentlich. Gäbe es keine Stufen, wie könnte ein Mensch in den Tempel gelangen? Gäbe es kein Fundament, wie könnte der Tempel überhaupt dastehen? Für den Baumeister ist jeder Stein kostbar und wertvoll.

Montreal, Kanada 10.6.1997

Durchbrich all Deine Barrieren und fühle, dass Du gesegnet bist. Das ist der einzige Schritt, den Du tun musst, alles weitere wird von selbst geschehen.

Dieses tiefe Empfinden „Ich bin gesegnet" kann Dir helfen, alle Hindernisse im Leben zu überwinden. Es gibt Dir Mut und Zuversicht, und es wird Dich öffnen, so dass Gnade in Dich einfließen kann.

Sobald Du erkannt hast, dass Du gesegnet bist, verschwinden alle Klagen, alles Murren, alle Unsicherheiten, das Gefühl, nicht geliebt zu werden und der Hunger nach Liebe. Wenn Du nicht erkennst, dass Du gesegnet bist, beginnt die Täterschaft. Wenn Du eine Veränderung in Deinem Leben willst, dann fühle, dass Du gesegnet bist. Besonders für Euch auf diesem Weg des Wissens gibt es keinen Grund, Euch nicht gesegnet zu fühlen.

Fühle also dass Du gesegnet bist und tu den ersten Schritt zum Selbst.

Zwischen Bangalore und Shimoga, Indien 23.10.1997

Teil 3

Du, Gott und darüber hinaus

Feiern liegt im Wesen der Spiritualität.

Jede Feier muss spirituell sein.
Eine Feier ohne Spiritualität hat keine Tiefe.
Stille gibt einer Feier Tiefe.

Manche Menschen glauben, dass still zu sein Spiritualität bedeutet. Viele Meditierende meinen, dass Lachen, Singen und Tanzen nicht spirituell sind. Andere wiederum glauben, dass nur in einer Feier Spiritualität erlebt wird. In manchen Gegenden der Welt, wie etwa im ländlichen Indien oder in Afrika gehört zur Feier laute Musik, es gibt dabei überhaupt keine Stille.

Spiritualität ist eine harmonische Mischung von äußerer Ruhe und innerem Feiern, aber auch von äußerem Feiern und innerer Ruhe.

Bangalore Ashram, Indien 20.10.1999

In der Natur gibt es drei Kräfte: Brahma Shakti, Vishnu Shakti und Shiva Shakti. Gewöhnlich hat eine von diesen Kräften in Dir ein Übergewicht. Brahma Shakti ist die Kraft, die etwas Neues schafft. Vishnu Shakti ist die Kraft des Bewahrens. Shiva Shakti bringt Verwandlung, zerstört und gibt neues Leben.

Einige von Euch haben Brahma Shakti. Ihr mögt schöpferisch sein, aber Ihr könnt nicht bewahren, was Ihr erschafft. Ihr könnt sehr schnell Freundschaften schließen, aber sie halten nicht lange.

Andere von Euch haben Vishnu Shakti. Ihr seid nicht schöpferisch, aber Ihr könnt gut Bestehendes bewahren. Ihr habt lange bestehende Freundschaften, aber Ihr könnt keine neuen Freundschaften schließen.

Und dann gibt es wieder andere, die mehr Shiva Shakti haben. Sie bewirken Veränderungen, zerstören, was geschaffen wurde oder bringen neues Leben.

In Guru Shakti sind alle drei Kräfte voll entfaltet. Stelle zuerst einmal fest, welche Kraft in Dir vorherrscht, und strebe dann nach Guru Shakti.

Bangalore Ashram, Indien 23.11.1995

Die ganze Welt bewegt sich nach den Naturgesetzen in einem göttlichen Rhythmus von Unschuld und Intelligenz. Shiva ist die harmonische Unschuld, die keine Kontrolle kennt.

Kontrolle ist Vashi, die Umkehrung von Shiva. Kontrolle gehört in den Bereich des kleinen Geistes. Kontrolle bedeutet Dualität, Spaltung, Schwäche. Vashi heißt, etwas nicht ganz natürlich zu tun, sondern Druck auszuüben. Oft denken Menschen, dass sie ihr Leben, ihre Lebensumstände unter Kontrolle haben, aber Kontrolle ist eine Illusion. Kontrolle ist eine kurzdauernde Energieleistung des kleinen Geistes. Das ist Vashi.

Shiva ist das Gegenteil davon. Shiva ist die ständige und ewige Quelle von Energie, der ewige Zustand des Seins, das Eine ohne ein Zweites.

Dualität ist die Ursache von Angst; die harmonische Unschuld löst die Dualität auf.

Wenn der Augenblick vollständig, ganz ist, dann ist er göttlich.
In der Gegenwart zu sein heißt, die Vergangenheit nicht zu bedauern und von der Zukunft nichts zu erwarten.
Die Zeit steht still, der Geist steht still.

Bangalore Ashram, Indien 24.2.1998

Jede Zelle Deines Körpers hat die Fähigkeit aller fünf Sinne. Du kannst ohne Deine Augen sehen. Sicht ist ein Teil des Bewusstseins, deshalb kannst Du in Träumen auch ohne Deine Augen sehen. Es gibt den Ausdruck „mit tausend Augen sehen" – Du bist „ganz Auge".

Du kannst ohne Deine Haut fühlen. Deshalb kann jemand, der ein Bein verloren hat, immer noch Empfindungen dieses verlorenen Körperteils wahrnehmen. Du kannst ohne Nase riechen, ohne Zunge schmecken. Wenn jemand etwas sagt, bist Du „ganz Ohr", Du lauschst mit jeder Zelle Deines Körpers.

Die fünf Sinne und das Denkvermögen sind im Bewusstsein gegenwärtig. Jede Körperzelle hat das Potenzial, alle Aufgaben der Sinne zu erfüllen. Alle Zellen sind aus dem gleichen Gewebe gemacht, jedes DNS-Molekül enthält die Information für alle Körperfunktionen.

Bewusstsein ist in jeder Körperzelle. Jeder Sinnesreiz bringt Wissen, und Wissen ist das Wesen des Bewusstseins.

Carrara, Italien 30.12.2000

Eine einzige Zelle wird zum ganzen Körper. Irgendwo wird sie Fingernagel, irgendwo wird sie Nase oder Zunge, aber alles ist die Erscheinungsform einer einzigen Zelle. In gleicher Weise besteht das ganze Universum aus einer einzigen Substanz.

Zu erkennen und zu fühlen, dass alles aus Einem besteht, heilt Körper und Geist und bringt die drei Doshas im Körper ins Gleichgewicht – Vata, Pitta und Kapha. Das ist Savitarka Samadhi, d.h. Gleichmut bei logischer Bewusstheit.

Tiefschlaf kann Jada Samadhi – Gleichmut in Reglosigkeit – sein.
Daher ist der Schlaf der Hauptfaktor für die Heilung.
Selbst Arzneimittel werden ohne die Ruhe des Schlafes nicht helfen.

Samadhi mit Ekstase ist außerhalb der Logik. Das ist Nirvitarka Samadhi, Bewusstheit mit Glückseligkeit. Nirvitarka Samadhi geht sogar über die Erfahrung von Glückseligkeit hinaus – undefinierbar, jenseits aller Worte.

Den Haag, Niederlande 29.5.1996

Glückseligkeit kann man nicht verstehen und nur außerordentlich schwer erreichen. Nach vielen Leben erreichst Du Glückseligkeit, und dann ist es sogar noch schwieriger, diesen Zustand wieder zu verlassen. Alles, was Du in Deinem Leben suchst, ist Glückseligkeit, jene göttliche Einheit mit Deiner Quelle.
Alles andere in der Welt lenkt Dich von diesem Ziel ab.
Es gibt Millionen von Dingen, die Dich auf vielerlei Art vom Ziel ablenken, so viele unerklärliche, unverständliche Irrwege, die Dich nicht nach Hause kommen lassen.

Begierden und Abneigungen erhalten den kleinen Geist am Leben. Erst wenn der kleine Geist stirbt, beginnt Glückseligkeit. Glückseligkeit ist der Aufenthaltsort aller Göttlichkeit, aller Devas. Sie kann nur in diesem menschlichen Körper erlebt werden. Wenn Du das noch immer nicht begreifst, nachdem Du ein Menschenleben und diesen Weg kennengelernt hast, dann ist das ein großer Verlust für Dich.

Begierden und Abneigungen verhärten Dein Herz. Es führt zu nichts, wenn Dein Benehmen höflich ist, Du aber im Herzen grob bist. Es ist eher annehmbar, dass Dein Benehmen unhöflich ist, aber nicht, dass Dein Herz hart und grob ist. Die Welt kümmert sich nicht darum, wie Du innerlich bist. Sie schaut nur auf Dein Verhalten. Das Göttliche kümmert sich nicht darum, wie Du äußerlich bist, es schaut nur auf Dein Inneres. Lass nie auch nur ein winziges bisschen Abneigung oder Begierde in Deinem Herzen wohnen. Lass es frisch, weich und duftend sein wie eine Rose.

Wenn Du irgendjemanden oder irgendetwas nicht magst, macht Dich das hart und es dauert lange, bis diese Härte wieder aufweicht und verschwindet. Begierden und Abneigungen sind Fallen, die verhindern, dass Du den Schatz findest. In dieser materiellen Welt kann Dir nichts Zufriedenheit geben. Ein nach außen gerichteter Geist, der Zufriedenheit sucht, wird unzufrieden, die Unzufriedenheit wächst, Klagen und Negativität verhärten das Gehirn, vernebeln das Bewusstsein und bilden eine Wolke negativer Energie.

Wenn die Negativität ihren Höhepunkt erreicht, ist sie wie ein zu stark aufgeblasener Ballon, der platzt und zur Göttlichkeit zurückkommt.

Du kannst dem Göttlichen nie entfliehen, nie dem langen Weg der Negativität oder der plötzlichen Annäherungen des Positiven. Wenn das Göttliche erscheint, kommt es zum plötzlichen Übergang von Unwahrheit zu Wahrheit, von Dunkelheit zum Licht,
von der dumpfen, trägen Materie zum sprühenden Großen Geist.

Europäisches Zentrum, Bad Antogast, Deutschland 6.1.1999

Stretching sound is music.
Stretching movement is dance.
Stretching smile is laughter.
Stretching mind is meditation.
Stretching life is celebration.
Stretching the devotee is God.
Stretching feeling is ecstasy.
Stretching emptiness is bliss.

Leere ist die Verbindungstür zwischen materieller und spiritueller Welt. Sie ist der Ort, wo Du das Wesen des Geistes verstehen lernst. Wenn Du die Leere nicht kennst, dann kannst Du die Freude des Seins nicht kennen. Das Sein zu erfahren bewirkt Leere.
In der Leere beginnt die Fülle. Auf einer Seite der Leere ist Elend, auf der anderen ist Freude. Das meinte Buddha, als er sagte: „Die ganze Welt ist Elend, und was erreicht werden muss, ist Leere."

Bangalore Ashram, Indien 3.2.1999

Absicht treibt Dich in die Zukunft, aber Glückseligkeit ist immer in der Gegenwart. Wer zu dieser Wahrheit erwacht ist weise. Wenn in einem Zustand der Glückseligkeit eine Absicht aufsteigt, kann sie sich ohne Anstrengung verwirklichen.

Europäisches Zentrum, Bad Antogast, Deutschland 23.12.1999

Dein Wunsch muss sehr stark sein, damit Dein Gebet erhört wird. Je stärker Dein Wunsch ist und je später er erfüllt wird, desto größer wird Deine Dankbarkeit sein.

Starkes Verlangen führt Dich zu Hingabe. Wenn ein sehnlicher Wunsch erfüllt wurde, ist die Dankbarkeit so überwältigend, dass das Gewünschte seinen Reiz und seine Bedeutung verliert.

Menschen meinen, dass sie kein Glück haben, wenn ihre Wünsche nicht schnell erfüllt werden. Starkes Verlangen kann Dich frustrieren oder zu innigem Beten voller Dankbarkeit und Hingabe führen.

Jede intensive Erfahrung lässt Dich heil werden.

Kalkutta, Indien 20.11.1996

Das Erreichen des Göttlichen hängt von der Intensität Deiner Sehnsucht ab, nicht von der Zeit, die Du aufwendest oder von Deiner Befähigung. Es gibt in der indischen Dorfbevölkerung ein Sprichwort: „Es mag ein wenig Zeit kosten, eine Blume zu pflücken, aber es kostet keine Zeit, das Göttliche zu treffen." Deine Fähigkeiten und Qualifikationen sind nicht das Entscheidende – sondern einfach nur die Intensität Deiner Sehnsucht.

Verstärke Deine Sehnsucht nach dem Göttlichen sofort.
Das geschieht, wenn Du weißt, dass Du nichts bist und dass Du nichts willst. Zu wissen, dass Du nichts bist und nichts willst, lässt in Dir ein Gefühl von Zugehörigkeit entstehen, und Zugehörigkeit verstärkt die Sehnsucht.

Frage:
Was ist der Unterschied zwischen Wunsch und Sehnsucht?
Wunsch ist das Fieber des Kopfes,
Sehnsucht ist der Schrei des Herzens.

Bangalore Ashram, Indien 21.5.1998

Organisation ist Kontrolle. Hingabe ist Chaos. Organisation erfordert Aufmerksamkeit für Details, ein auf die Sache gerichtetes Bewusstsein. Organisation bedeutet, weltlich zu sein. Hingabe heißt, sich zu verlieren, die Welt zu vergessen, in Ekstase zu sein.

Diese beiden Qualitäten sind ihrer Natur nach gegensätzlich.
Sie vertragen sich nicht miteinander, und doch können sie nicht getrennt voneinander sein oder ohne einander existieren.
Keine Organisation kann ohne Hingabe entstehen. Wenn Du eine tiefe Hingabe fühlst, dann möchtest Du einfach organisieren.
Hingabe bringt Vertrauen, Mitgefühl, Verantwortung und den Wunsch, Wissen, Weisheit und Liebe weiterzugeben. Dann entsteht Organisation. Auf diese Weise gibt es Organisation durch Hingabe.

Wenn Du hingegeben bist, wirst Du nicht einfach nur so dasitzen.
Das Wesen der Hingabe liegt im Geben. Wenn Du meinst, Du seiest hingegeben, kümmerst Dich aber nicht um die Welt, dann bist Du lediglich selbstsüchtig. Wahre Hingabe bedeutet, mit dem Göttlichen eins zu sein, und das Göttliche trägt Sorge für die Welt.

Oft verlierst Du Deine Hingabe während des Organisierens und oft erzeugst Du im Namen der Hingabe Chaos und missachtest die Organisation. Du musst ein Heiliger sein, um Dich hingeben und gleichzeitig organisieren zu können.

Kauai, Hawaii, USA 3.2.1998

Alles ist aus Atomen aufgebaut. Die ganze Welt ist nichts als eine Organisation, in der die Atome sich entschieden haben, bestimmte Muster und damit eine bestimmte Substanz zu bilden. Diese Muster wiederum führen zu bestimmten Eigenschaften.

Tod, Zerfall und Transformation treten ein, wenn die Atome der Muster überdrüssig werden und sich entschließen, sich in einem anderen Muster neu zu organisieren. Wenn die Atome eines Apfels sagen: „Es reicht, wir wollen kein Apfel mehr sein", dann beginnt die Fäulnis. Wenn die Muster nie langweilig würden, dann gäbe es keinen Zerfall.

Der Übergang von einem organisierten Zustand in einen anderen ist ebenfalls organisiert. Das ist die Übergangsorganisation, die wir Chaos nennen. Diese Übergangsorganisation kann manchmal einen Katalysator benötigen. Das Wissen ist ein solcher Katalysator.
Es gibt also absolut kein Entrinnen aus der Organisation.

Bangalore Ashram, Indien 17.12.1998

Du kannst in der menschlichen Gesellschaft nicht ohne Förmlichkeit auskommen. Sie muss ihren Platz haben. Aber wenn sie ohne Herzlichkeit ist, kann Förmlichkeit heuchlerisch sein. Herzlichkeit allein kann Chaos verursachen und mag manchmal sogar als Achtlosigkeit erscheinen.

Förmlichkeit verbessert Kommunikation, Herzlichkeit verbessert Kommunion – Einssein. Kommunikation ist nur nötig, wenn es zwei gibt. Förmlichkeit hält die Dualität aufrecht.

Gesellschaftsstrukturen basieren auf Förmlichkeit. Liebe und Wissen basieren auf Herzlichkeit. Damit Liebe und Wissen blühen können, brauchst Du eine ungezwungene, herzliche Umgebung.

Es kann keine Organisation entstehen, keine Ordnung herrschen, wenn jede Förmlichkeit aufgegeben wird. Alle Handlungen sind genau bemessene Schritte der Förmlichkeit. Hingabe ist ohne jede Förmlichkeit und völlig chaotisch.

Herzlichkeit ist der Kern Deiner Existenz, Förmlichkeit ist die äußere Schale. Wenn die äußere Schale dünn ist, wie ein Lampenschirm, kann das innere Licht hindurchscheinen. Aber wenn der Schirm zu dick ist, kannst Du das Licht nicht sehen. Wir müssen ein Gleichgewicht von Förmlichkeit und Herzlichkeit finden.

Rishikesh, Indien 4.3.1998

Der Körper ist von der gesamten Schöpfung abhängig. In einer Gesellschaft muss jemand Kleider nähen, einer Elektrizität erzeugen, ein anderer nach Öl bohren. Der Körper kann nicht unabhängig von der Welt sein, er ist vollständig abhängig. Wenn sich der Geist mit dem Körper identifiziert, dann wird er eingeengt und sucht nach Unabhängigkeit. Der Geist, der Intellekt, das Ego, sie alle streben nach Unabhängigkeit.

Auf der Suche nach Unabhängigkeit bleibst Du häufig im Ego stecken und wirst unglücklich. Die meisten Menschen sind sich ihrer Abhängigkeit nicht bewusst. Wenn sie ihrer Begrenzungen und Abhängigkeit gewahr werden, entsteht der Wunsch nach Unabhängigkeit. Du kannst nicht unabhängig werden, wenn Du nicht anfängst, Dich innerlich zu bewegen. Wenn Du nach innen gehst, entdeckst Du, dass Du in wechselseitiger Abhängigkeit stehst. Das individuelle Selbst ist wechselseitige Abhängigkeit. Jeder weise Mensch weiß, dass alles voneinander abhängt, dass es so etwas wie Unabhängigkeit nicht gibt.

Auf einer Ebene ist Abhängigkeit die rauhe Wirklichkeit.
Auf einer anderen Ebene ist sie eine Illusion, weil es nichts anderes als das Selbst gibt. Nur wenn Du keine Zugehörigkeit, kein Einssein spürst, möchtest du Unabhängigkeit. Da das Selbst nicht-dual ist, gibt es keine Frage von Abhängigkeit oder Unabhängigkeit. Jemand, der Unabhängigkeit erbittet, ist ein Bettler. Jemand, der weiß, dass sie eine Illusion ist, ist ein König.

Wenn das Gefühl der Zugehörigkeit nicht fest gegründet ist, ist das Leben eines Suchers unbeständig. Das Ego findet dann immer eine Ausrede, zum Dasein des Bettlers zurückzukehren, weil es noch nicht vollkommen von Wissen durchtränkt ist.

Da das Ego nicht an Zugehörigkeit gewöhnt ist, findet es jede kleine Ausrede, sich als abseits stehend, unabhängig und von allen getrennt zu fühlen. Es wird versuchen, jeden kleinen Fehler zu finden und ihn dann maßlos aufblähen.

Mach Dir diese Neigungen bewusst und – komme, was da wolle – sei stark in Deiner inneren Verpflichtung für Satsang, für den Weg.

Muszyna, Polen 3.9.1998

Verehren, anbeten und vergöttern ohne ein Gefühl von Verbundenheit ist immer nutzlos. Solche Verehrung schafft nur Angst und Distanz. Andererseits empfinden einige Leute eine krankhafte Ablehnung gegen das Anbeten und ärgern sich, wenn sie andere beten sehen.

Die Arten von Verehrung und Anbetung sind in verschiedenen Teilen der Welt unterschiedlich. Einige verehren den Papst, andere vergöttern Popstars oder Politiker. Schau die Kinder an:
Sie verehren ihre Helden, deren Poster überall an den Wänden hängen. Bloßes Anbeten macht Dich nur zu einem Fan. Dich mit denen, die Du verehrst, verbunden zu fühlen und das Göttliche in ihnen zu sehen, macht Dich zu einem Heiligen. Die Menschen, die ohne ein Gefühl von Verbundenheit beten, und diejenigen, die gegen Anbetung sind, sitzen im gleichen Boot; sie sind voller Angst.

In den alten indischen Schriften wird gesagt: „Jemand, der Gott als getrennt von dem ‚Ich bin'-Bewusstsein anbetet, ist ein Dummkopf." Das Opfer, der Opfernde und der, dem geopfert wird, sind eins.

Bangalore Ashram, Indien 10.2.2000

Religion hat die Aufgabe, uns liebevoll und rechtschaffen zu machen, und Politik hat zum Ziel, sich um die Menschen und ihr Wohlergehen zu kümmern. Wenn Religion und Politik nicht zusammenarbeiten, dann habt Ihr korrupte Politiker und pseudoreligiöse Führer. Ein religiöser Mensch, der rechtschaffen und liebevoll ist, wird sich bestimmt um das Wohlergehen der gesamten Bevölkerung kümmern und wird dadurch zu einem wirklichen Politiker.

All die Avatare und Propheten haben sich um die Menschen gekümmert und waren daher auch politisch. Und ein wahrer Politiker kann nur rechtschaffen und liebevoll sein, muss also religiös sein. Wenn Religionen Religionsfreiheit einschränken und die Art des Gottesdienstes vorschreiben, dann werden sie unbrauchbar für den Aufbau einer harmonischen Gesellschaft. Eine allumfassende Religion aber, die völlige Freiheit der Religionsausübung gibt, wird jede Gesellschaft bereichern und den Menschen Rechtschaffenheit und Frieden bringen.

Menschen meinen, Politik und Religion müssten voneinander getrennt bleiben, weil viele Religionen keine Religionsfreiheit zulassen und sich nicht um alle Menschen in gleichem Maße kümmern. Die Geschichte hat gezeigt, dass Religionen Konflikte erzeugt haben. Aber Gesellschaften ohne Religion wie z.B. der Kommunismus endeten in Chaos und Korruption.

Heute brauchen sowohl Politik als auch Religion eine Erneuerung. Politiker müssen rechtschaffener und spiritueller werden.
Die Religion muss ihren Blickwinkel erweitern und spiritueller werden, um Religionsfreiheit zu garantieren und die ganze Weisheit der Welt zu umfassen.

East Dover, Nova Scotia, Kanada 23.6.1999

Nehmen wir an, Du gehst zu Gott, empfängst seinen Segen und gehst wieder weg. Wenn Du etwas bekommen willst, dann hast Du es eilig. Einer, der weiß, dass er Gott besitzt, hat es in keiner Weise eilig, er hat unendlich viel Geduld.

Wenn Du weißt, dass Du Gott besitzt, wirst Du es nicht eilig haben, etwas von Gott zu bekommen. Deine Eile, etwas von Gott zu bekommen, wirft Dich aus dem Gleichgewicht und macht Dich klein.
Habe unendlich viel Geduld. Dann wirst Du erkennen, dass Gott Dir gehört. Du kommst durch Gewahrsein oder durch Übung zum selben Ziel.

Was bedeutet „ Gott besitzen"?
Du besitzt Gott, wenn das Göttliche Dir gehört. Das ist nicht wie: eilig in einem Supermarkt einkaufen und zurück nach Hause rasen.
Wenn Du siehst, dass alle Vorräte schon bei Dir zu Hause sind, dann musst Du nicht eilig einkaufen gehen, dann hast Du es bequem.
Wenn Du weißt, dass Du Teil des Göttlichen Plans bist, hörst Du auf zu fordern. Du weißt, dass alles für Dich getan wird; jemand kümmert sich um Dich.

Um Geduld zu entwickeln, musst Du nur die Ungeduld beobachten. Beobachte lediglich die Gedanken und Gefühle, und bedaure sie nicht. Üblicherweise denken wir schnell und handeln langsam.
Ungeduld heißt Eile im Geist. Trägheit heißt Langsamkeit im Handeln.
Die richtige Formel lautet:
Geduld im Geist und Dynamik im Handeln.

Santa Monica, Kalifornien, USA 14.8.1996

Prüfen ist ein Zeichen von Unwissenheit. Du prüfst nur Dinge, derer Du Dir nicht sicher bist. Wenn Gott Dich prüfen würde, bedeutete das, dass er Dich nicht gut genug kennte.

Wie kannst Du nur denken, Gott würde Dich prüfen? Gott prüft Dich nicht, denn er kennt Dich in- und auswendig:
Deine Vergangenheit, Gegenwart und Zukunft. Er kennt Deine Stärken und Schwächen, und er allein gibt Dir Kraft. Er prüft Dich nicht. Nur Du kannst Dich selbst prüfen. Nur wenn Du kein Selbstvertrauen hast, dann prüfst Du Dich. Warum solltest Du prüfen, wenn Du volles Vertrauen hast? Wenn Du Dich selbst prüfst, dann kennst Du Dich selbst nicht.

Prüfst Du Gott? Gott wird Deine Prüfung nie bestehen, weil er zu Deiner Prüfung gar nicht erscheinen wird.
Wenn er zu Deiner Prüfung kommt, dann ist er nicht Gott.

Europäisches Zentrum, Bad Antogast, Deutschland 13.1.1999

Gott hat Dir all die kleinen Freuden der Welt geschenkt, aber die Glückseligkeit für sich behalten. Um die höchste Glückseligkeit zu erlangen, musst Du zu ihm gehen, zu ihm allein.

Sei nicht zu raffiniert Gott gegenüber, versuche nicht, ihn zum Narren zu halten. Die meisten Deiner Gebete und Rituale sind nur Versuche, Gott zu überlisten. Du versuchst, so wenig wie möglich zu geben und ein Maximum herauszuholen, und er weiß das. Er ist ein schlauer Geschäftsmann. Er wird Dich noch mehr hereinlegen.

Sei aufrichtig in Deinen Versuchen, zu Gott zu gehen, versuche nicht, ihn zu überlisten. Wenn Du einmal Glückseligkeit erlangt hast, dann ist alles von Freude erfüllt. Ohne Glückseligkeit ist keine Freude in der Welt von Dauer.

Nordamerikanisches Zentrum, Montreal, Kanada 3.7.1996

Du hast Dir Gott immer als einen Vater irgendwo oben im Himmel vorgestellt. Mit dieser Vorstellung im Kopf möchtest Du Forderungen stellen und etwas von Gott bekommen. Aber kannst Du Dir Gott als Kind vorstellen? Wenn Du Gott als Kind siehst, entfallen die Forderungen.

Gott ist der eigentliche Kern Deines Lebens. Du bist schwanger mit Gott. Du musst Dich um Deine Schwangerschaft kümmern und dieses Kind in die Welt hinein gebären. Die meisten Menschen gebären nicht.

Gott ist Dein Kind, das sich an Dich klammert wie ein Baby, bis Du alt wirst und stirbst. Gott schreit ständig nach Nahrung. Er braucht Dich, damit Du Ihn in dieser Welt ernährst. Sadhana, Satsang und Seva sind Gottes Nahrung.

Bangalore Ashram, Indien 16.10.1997

Warum meinst Du, dass es Gott nur einmal gibt? Warum kann er nicht auch viele sein? Wenn er den Menschen nach seinem Ebenbild erschaffen hat, welches ist dann sein Ebenbild?

Ein Afrikaner, ein Mongole, ein Weißer, ein Japaner, ein Philippino? Warum gibt es eine solche Vielfalt von Menschen und Dingen? Es gibt nicht nur eine Art Baum, nicht nur eine Art Schlange, Wolke, Mücke oder Gemüse – es gibt von allem nicht nur eine Art, warum sollte Gott nur ein einziger sein?

Wie könnte dieses Bewusstsein, das die ganze Schöpfung entstehen ließ und das die Vielfalt liebt, einförmig sein? Gott liebt Vielfalt, also muss er selbst von unendlicher Vielfalt sein. Gott manifestiert sich in verschiedenen Namen, Gestalten und Erscheinungsformen.

Einige philosophische Schulen geben Gott nicht die Freiheit, in seinen vielen Gestalten zu erscheinen. Sie wollen ihn in einer bestimmten Uniform haben. Du veränderst Dein Erscheinungsbild entsprechend dem Anlass. Wie kannst Du dann glauben, dass es keine Vielfalt im geistigen Bereich gibt? Unsere Vorfahren wussten das, und deshalb erkannten sie das Göttliche in unendlich vielen Eigenschaften und Gestalten. Der große Geist ist nicht dumpf und langweilig. Der große Geist, der die Grundlage der Schöpfung ist, ist dynamisch und verändert sich ständig. Gott ist nicht nur einer, Gott ist viele!

Wenn Du die Vielfalt des Göttlichen anerkennst, kannst Du kein Fanatiker oder Fundamentalist mehr sein.

Dallas, Texas, USA 27.1.2000

Wer wacht zuerst auf – Du oder Gott? Du wachst zuerst auf, während Gott noch schläft. Wenn Du aufwachst, erfährst Du Freude und Schmerz. Du wirst der Schönheit und der Mängel der Welt gewahr. Dann, wenn Du nach dem Höchsten suchst, weckt Dein Hilferuf Gott auf. Und wenn Gott in Dir erwacht ist, gibt es keine „zwei" mehr.

Die Rishis weckten Gott jeden Morgen mit einem Spottritual auf. Sie nannten das Suprabatham-Dienst. Viele finden das lächerlich, weil sie die Tiefe des Rituals nicht verstehen. Nur ein aufgewachter Gott kann sehen, dass Gott überall schläft. Gott schläft in jedem Teilchen des Universums. Gott ist als Same in Dir, und wenn er erwacht, dann gibt es „Dich" und „die Welt" nicht mehr.

Curepipe, Mauritius 3.6.1998

Am Tag des Vollmondes wird um den alten Tempel von Kollur ein reich geschmückter Wagen der Göttin gefahren. Jeder von uns ist ein Streitwagen, der Gottes Macht in sich trägt. Wir sind die wahren Streitwagen des Göttlichen. Unser Körper ist der Streitwagen und die Seele ist die Gottheit, die herumgefahren wird, um die Welt zu reinigen.

Bangalore Ashram, Indien 28.10.1999

Nur was klein, vergänglich oder vorläufig ist, braucht Schutz; jedoch nicht das, was unvergänglich, groß oder gewaltig ist. Schutz bedeutet, die Zeitdauer in einem bestimmten Zustand zu verlängern. Daher verhindert Schutz auch eine Veränderung.

Es kann keine Verwandlung in einem vollständig geschützten Zustand geben. Gleichzeitig kann sich die erwünschte Verwandlung nicht ohne Schutz vollziehen. Ein Same braucht Schutz, um sich in eine Pflanze zu verwandeln, eine kleine Pflanze braucht Schutz, um ein Baum zu werden. Schutz kann Verwandlung fördern oder behindern. Der Schützende sollte eine Vorstellung davon haben, in welchem Umfang Schutz sinnvoll ist.

Sowohl Schutz als auch Verwandlung fallen in den Bereich von Zeit und Raum und dessen Gesetze müssen beachtet werden, um die Zeit überwinden zu können. Wir sind geschützt und wir werden verwandelt – das sind Hari und Hara: Hari, der Beschützer, und Hara, der Verwandler. Schutz gilt zeitlich begrenzt für vergängliche Dinge. Für wie lange kann ein Arzt jemanden heilen oder schützen? Für immer? Nein.

Wahrheit braucht überhaupt keinen Schutz. Frieden und Glück brauchen keinen Schutz, weil sie unvergänglich sind. Dein Körper braucht Schutz, Deine Seele nicht. Dein Geist braucht Schutz, Dein Selbst nicht.

Bangalore Ashram, Indien 26.8.1999

Das Selbst ist nicht nur das Geist-Körper-Gefüge. Weder der Körper noch der Geist ist das Selbst. Der einzige Lebenszweck dieses Körpers besteht darin, Dir bewusst zu machen, wie schön Du bist und Dich gewahr werden zu lassen, dass es Dir möglich ist, alle von Dir geschätzten Werte auszuleben und eine Welt der Göttlichkeit um Dich herum zu schaffen. Alle Yoga-Übungen, die Du machst, sind für den Körper, alle Meditationen sind für den Geist. Ob ruhig oder gestört, Dein Geist bleibt Geist. Ob krank oder gesund, Dein Körper bleibt Körper. Das Selbst ist allumfassend.

Bangalore Ashram, Indien 16.5.1996

Wenn der Körper angeregt wird, entsteht Lust. Wenn Deine Seele angeregt wird, entsteht Liebe. Liebe hat kein Ende, aber die Lust endet. Oft meinen Menschen, Lust sei Liebe. Du musst den Unterschied zwischen Lust und Liebe begreifen, und wenn Du großes Glück hast, wirst Du ihn verstehen.

Wie Du mit Süßigkeiten die Zunge anregst, regt Musik die Ohren an und eine schöne Aussicht die Augen. Was regt die Seele an? Sadhana und Satsang sind es, die die Seele anregen.

Alles, was wir wollen, ist Anregung der Seele. Schon eine leise Ahnung davon hält uns am Leben. Jeder andere Reiz ist oberflächlich. Die Anregung der Seele gibt Energie und die Anregung des Körpers führt zu Ermüdung. Jede Anregung sollte Dich zum Selbst führen, so dass Du, wenn Du Musik hörst, die Musik transzendierst und beim Hören von Wissen in die Stille geführt wirst.

Europäisches Zentrum, Bad Antogast, Deutschland 26.1.1999

Satyam Param Dhimahi – ich halte in meinem Bewusstsein die Wahrheit und die Göttlichkeit der Transzendenz aufrecht.

Der Intellekt zerteilt die Welt, analysiert. Derselbe Intellekt kann sie zusammensetzen, wenn er vom Göttlichen durchtränkt ist. Wenn der Intellekt sich mit weltlichen Dingen beschäftigt, fängt er an, das Leben zu analysieren, zu zerteilen. Wenn der Intellekt sich mit Wissen, Weisheit und Wahrheit beschäftigt, dann vereint er.
Dann bringt er Transzendenz hervor.
Er entdeckt wieder seine wahre Natur, die nicht-dual ist.

Wenn Du klagst, ein Gedicht schreibst oder Wissen sprichst, bist Du Zeuge des Fließens des Intellektes. Wenn jemand sich beklagt oder rechtfertigt, spricht er einfach ganz spontan. Auch wenn Du vom Wissen des Selbst sprichst oder spontan ein Gedicht laut aufsagst, dann fließt das aus Deinem Intellekt heraus.

Alles mögliche kann aus dem Intellekt herausfließen, Unsinn oder Weisheit. Du bist lediglich der Zeuge dieses Flusses. Du kannst nur zum Göttlichen beten: „Lass Weisheit, Göttlichkeit und Wahrheit durch diesen Intellekt fließen."

Lake Tahoe, Kalifornien, USA 21.7.1999

Folgende Faktoren wirken auf den Geist ein: Ort, Zeit, Nahrung, frühere Eindrücke, Beziehungen und Handlungen.

- Jeder Ort, an dem Du Dich aufhältst, hat eine andere Wirkung auf den Geist. Selbst in Deinem Haus kannst Du bemerken, dass Du Dich in verschiedenen Zimmern unterschiedlich fühlst. Ein Ort, an dem gesungen und meditiert wurde, hat einen anderen Einfluss auf den Geist als ein Ort, an dem es Streit und Aufruhr gab.
- Zeit hat auch einen Einfluss. Verschiedene Tages- und Jahreszeiten beeinflussen den Geist in unterschiedlicher Weise.
- Verschiedene Arten von Nahrung, die Du zu Dir nimmst, beeinflussen Dich ein paar Tage lang.
- Die früheren Eindrücke – Karma – haben einen unterschiedlichen Einfluss auf den Geist. Gewahrsein, Wachheit, Wissen und Meditation helfen, frühere Eindrücke auszulöschen.
- Menschen und Ereignisse, mit denen Du in Verbindung stehst, beeinflussen Deinen Geist sehr. Deshalb verhält er sich unterschiedlich, abhängig von der Gesellschaft, in der Du Dich befindest.

Obwohl diese Faktoren Dein Leben und Deinen Geist beeinflussen, sollst Du wissen, dass das Selbst viel mächtiger ist. Je mehr Du im Wissen wächst, desto weniger wirst Du von ihnen abhängig sein.

Mailand, Italien 6.1.2000

Verlangen, Handeln und das Gewahrsein des Selbst sind verschiedene Manifestationen derselben Energie, die Du bist. Eine von diesen dreien ist jeweils die dominierende. Wenn das Verlangen überwiegt, ist das Gewahrsein des Selbst am geringsten und daraus entstehen Stress und Kummer. Deshalb haben Philosophen überall auf der Welt dazu geraten, zu entsagen und wunschlos zu werden. Wenn Handeln und Tatendrang überwiegen, sind Unruhe und Krankheit das Ergebnis.

Wenn das Gewahrsein des Selbst überwiegt, dann entsteht Glück. Wenn Du Deine Handlungen und Wünsche ernsthaft auf das Wohl der Gesellschaft oder auf das Göttliche ausrichtest, erhöht sich Dein Bewusstsein von selbst und Du erlangst ganz sicher Selbsterkenntnis.

Rishikesh, Indien 25.5.1999

Das Selbst kennt weder Kummer noch Tod, dennoch fließen in ihm alle vergänglichen Ereignisse.

Wenn man nicht liebt, ist es leicht, unberührt zu bleiben. Zutiefst zu lieben ohne aufgewühlt zu sein, fürsorglich und dennoch nicht besorgt, beharrlich und gleichzeitig nicht beunruhigt – dies alles sind offensichtliche Zeichen des Selbst.

Bangalore Ashram, Indien 11.11.1999

Zehn Menschen gingen von einem Dorf zum anderen. Auf dem Weg mussten sie einen Fluss überqueren. Am anderen Ufer wollten sie sichergehen, dass alle sicher angekommen waren. Jeder zählte und kam nur auf neun Personen. Sie waren ganz verstört und begannen, über den Tod des Zehnten zu weinen.

Da kam ein weiser Mann des Wegs und fragte sie: „Meine lieben Freunde, warum weint ihr?" „Wir waren zehn, aber nun sind wir nur noch neun", antworteten sie.

Der weise Mann sah, dass sie zu zehnt waren, aber jeder sich beim Zählen selbst ausgelassen hatte. Deshalb ließ er sie sich aufstellen und abzählen. Zum letzten sagte er: „Du bist der zehnte." Da freuten sich alle, dass der zehnte wieder bei ihnen war.

Die fünf Sinne und die vier inneren Fähigkeiten – Geist, Intellekt, Gedächtnis, Ego – klagen, wenn sie das Selbst aus den Augen verlieren. Dann kommt der Meister und zeigt Dir, dass Du der zehnte bist. Zähle ab, aber höre nie auf, bevor du den zehnten findest. Freude kommt aus dem Erleben des immer gegenwärtigen Selbst.

Rishikesh, Indien 11.3.1998

Entwickelst Du Dich? Wenn Du Dich entwickelst, bist Du nicht im Selbst. Und du bist nicht außerhalb des Selbst, denn nichts kann außerhalb des Selbst existieren.

Folgende sechs Merkmale kann das Selbst nie haben:

Ausdehnung – Prasarana.
Ausdehnung setzt voraus, dass schon etwas da ist, in das sich etwas ausdehnt. Was sich ausdehnt, kann nicht die Grundlage für Ausdehnung sein.

Zusammenziehen – Akunchana.
Das Selbst zieht sich nicht zusammen oder von irgendetwas zurück.

Entwicklung – Vriddhi. Entwicklung heißt, etwas werden, das noch nicht da ist. Das Selbst bleibt immer dasselbe, es kann sich also nicht entwickeln.

Verfall – Kshaya. Es gibt keine Veränderung und keinen Verfall im Selbst. Es wird nicht alt oder verbraucht. Daher spürst Du nicht, dass Du alterst, wenn Du nah bei Deinem Selbst bist.

Anfang – Anaadi. Das Selbst hat keinen Anfang. Was einen Anfang hat, kann nicht das Göttliche sein.

Mangel – Abhava. Das Selbst kennt keinen Mangel. Dem Selbst fehlt nichts, es ist vollständig. Du empfindest Mangel, wenn Dir etwas fehlt, das außerhalb von Dir existiert. Das kann es für das Selbst nicht geben. Wenn Du also meinst, dass Du überhaupt nicht gewachsen bist, mach Dir keine Sorgen: Du bist dicht am Selbst.

Wenn Dein Geist beim Selbst ist, dann sorgst Du Dich nicht um Entwicklung. Wenn Du an Entwicklung denkst, dann hängst Du im kleinen Geist fest. Der kleine Geist ist ein Teil der Materie, und Materie entwickelt sich und vergeht. So kommt es, dass die Erfahrung von Zusammenziehen und Ausweitung nur ein Spiel des Geistes ist.
Der Geist dehnt sich aus und zieht sich zusammen. Aber wenn er sich ausdehnt, kommt er dicht an die Wahrheit heran, die keine Ausdehnung hat.

Europäisches Zentrum, Bad Antogast, Deutschland 20.1.2000

Wie kommst Du in Deine Mitte? Indem Du Deine Aufmerksamkeit von der Erfahrung auf den Erfahrenden verlagerst. Alle Erfahrungen ereignen sich an der Peripherie; sie verändern sich ständig. Der Erfahrende ist im Zentrum. Komm immer wieder zurück zum Erfahrenden.

Wenn Du frustriert bist, dann frage: „Wer ist frustriert?“, anstatt Deine Zeit mit der Erfahrung der Frustration zu vergeuden.
Wenn Du unglücklich bist, frage: „Wer ist unglücklich?“
Wenn Du meinst, etwas zu wissen, frage: „Wer weiß es?“
Wenn Du denkst, Du bist erleuchtet, frage: „Wer ist erleuchtet?“
Wenn Du unwissend bist, frage: „Wer ist unwissend?“
Wenn Du denkst: „Ich Ärmster“, frage: „Wer ist, ich Ärmster‘?“
Wenn Du denkst, dass Du dem Meister sehr ergeben bist, frage: „Wer ist ergeben?“

Wirf all Deine Masken ab und begegne Dir. Dann bist Du wirklich bei mir angekommen!

Bangalore Ashram, Indien 10.9.1997

Leben ohne Weisheit ist unvollständig. Weisheit, die keine Gefühle entstehen lässt, ist unvollständig. Gefühl, das sich nicht in Handlung umsetzt, ist unvollständig. Handlung, die keine Erfüllung entstehen lässt, ist unvollständig. Erfüllung heißt, zum Selbst zurückzukehren.

Bangalore Ashram, Indien 1.6.2000

Gib mir keinen Durst, wenn Du mir kein Wasser geben kannst.
Gib mir keinen Hunger, wenn Du mir nichts zu essen geben kannst.
Gib mir keine Freude, wenn ich sie nicht teilen kann.
Gib mir keine Fähigkeiten, wenn ich damit nicht Gutes tun kann.
Gib mir keine Intelligenz, wenn ich nichts wahrnehmen kann, was über sie hinausgeht.
Gib mir kein Wissen, wenn ich es nicht verdauen kann.
Gib mir keine Liebe, wenn ich nicht dienen kann.
Gib mir keinen Wunsch, wenn er mich nicht zu Dir führt.
Gib mir keinen Weg, wenn er mich nicht nach Hause führt.
Gib mir keine Gebete, wenn Du sie nicht hören willst.

Zu wem betest Du, wenn Du betest? Du betest zu Dir selbst. Im Gebet geht der Geist zu seinem Ursprung, dem Selbst. Gott, der Meister und das Selbst sind dasselbe.

Kauai, Hawaii, USA 15.4.1999

Unter allen Planeten dieses Sonnensystems ist die Erde privilegiert, weil sie Leben in so vielen Formen beherbergt. Von allen Lebensformen sind die Menschen am meisten privilegiert, weil sie das Wissen beherbergen können. Denke immer wieder daran, dass Du Frieden bist, dass Du Liebe bist, dass Du Freude bist und dass Du den Schöpfer beherbergst.

Unter allen Wissenden bist Du am meisten privilegiert. Wer nicht erkennt, dass er privilegiert ist, beherbergt auch etwas: er beherbergt Negativität. Wie die Vögel, die immer wieder zu ihrem Nest zurückkehren, komme wieder und wieder zurück zu Deiner Quelle – nur dort kannst Du erkennen, dass Du den Schöpfer beherbergst.

Rom, Italien 6.5.1998

Die Unendlichkeit hat viele Eigenschaften, und besondere Eigenschaften nehmen Namen an: Sie werden Engel genannt.
Engel sind einfach Strahlen Deines Großen Selbst. Wie Wurzeln und Stämme aus einem keimenden Samen hervorwachsen, so zeigen sich die Engel in Deinem Leben, wenn Du in Deiner Mitte bist. Sie sind da, Dir zu dienen. Engel sind wie Deine verlängerten Arme.
Wie alle Farben im weißen Sonnenlicht enthalten sind, so sind alle Engel in Deinem höheren Selbst gegenwärtig. Glückseligkeit ist ihr Atem, Leidenschaftslosigkeit ihre Wohnstätte. Shiva gewährt Leidenschaftslosigkeit, jenes Bewusstsein, das Glückseligkeit, Unschuld und Allgegenwart ist. Krishna ist die äußere Manifestation von Shiva und Shiva ist die innere Stille von Krishna.

Singapur, 5.3.1997

Der Intellekt zerteilt und fügt wieder zusammen. Manche Lebewesen auf der Welt zerteilen nur, andere fügen nur zusammen. Ameisen fügen nur zusammen; sie tragen Gegenstände zusammen und bauen einen Ameisenhügel. Affen können nicht zusammenfügen, sie nehmen alles auseinander. Gibst Du ihnen eine Girlande, dann reißen sie sie in Stücke und werfen sie in der Gegend umher. Ein Affe kann nur zerteilen oder analysieren. Ein Biber fügt zusammen, er trägt Holz zusammen für einen Damm. Auch Vögel fügen zusammen, wenn sie ihr Nest bauen.

Menschen aber haben beide Fähigkeiten: sie zerteilen, d.h. analysieren, und sie fügen zusammen, d.h. synthetisieren. So analysierst Du die vergängliche Welt und synthetisierst, um das Eine zu finden. Der Intellekt analysiert die Welt, um die Wahrheit zu finden und die einmal gefundene Wahrheit fügt alles zu Einem zusammen.

Wenn der Intellekt ruhig wird, kommt die Intelligenz zum Vorschein. Oft meinen Menschen, dass das Sammeln von Informationen intelligent mache. Das ist nicht der Fall. Samadhi bringt die Intelligenz hervor. Ein wenig intelligenter Mensch kann nicht kreativ sein, auch wenn er alle Informationen besitzt. Ein intelligenter Mensch kann auch mit wenigen Informationen kreativ sein.

Es ist ein Zeichen von Intelligenz, das Eine in den vielen zu sehen und die vielen in dem Einen zu finden.

Europäisches Zentrum, Bad Antogast, Deutschland 27.8.1997

Wenn Du das Göttliche in mir nicht sehen kannst, dann musst Du Deine Augen öffnen. Wenn Du das Göttliche in mir siehst, bist Du ein Teil von mir und kannst mir nicht fern sein. Wenn Du Dich als Teil von mir fühlst, kannst Du nur das Göttliche in Dir selbst sehen. Und wenn Du das Göttliche in Dir selbst siehst, wirst Du das Göttliche in jedem Menschen sehen.

Kyoto, Japan 6.11.1996

Meditation ist: Gott in sich selbst sehen.
Liebe ist: Gott im Nächsten sehen.
Wissen ist: Gott überall sehen.
Der Ausdruck von Liebe ist Dienen.
Der Ausdruck von Freude ist Lächeln.
Der Ausdruck von Frieden ist Meditation.
Gott auszudrücken ist bewusste Handlung.

Swargashram (Himmlische Heimstatt), Rishikesh, Indien 13.3.1996

Du siehst nur das Fallen des Wassers. Du siehst nicht, wie der Ozean zur Wolke wird. Das ist ein Geheimnis. Aber die zum Ozean werdende Wolke ist offensichtlich. In der Welt können nur wenige Dein inneres Wachstum und Deine innere Größe bemerken, aber Dein Verhalten ist offensichtlich. Mache Dir niemals Gedanken darüber, dass Dich die Menschen nicht verstehen. Sie können nur Dein Verhalten wahrnehmen.

Schau das Wasser an. Selbst das Fallen des Wassers ist schön. Wenn ein Felsbrocken fällt, zerspringt er, aber wenn Wasser fällt, erzeugt es Kraft und Schönheit. Jemand zu sein ist so, wie ein Felsbrocken zu sein. Niemand zu sein, ist wie Wasser zu sein. Jedermann zu sein, ist wie Wasserdampf zu sein.

Bangalore Ashram, Indien 19.9.1996

Erleuchtung ist unabhängig von Jahreszeiten wie die immergrüne Kokospalme.

Manchmal kommt die Frage auf: „Was nützen all diese Kurse? Dein Verhalten hat sich nicht geändert."

Das von einem Menschen erworbene Wissen kann nicht nach dem äußeren Verhalten beurteilt werden. Manche verhalten sich so, als ob sie all das Wissen aufgenommen hätten, aber in Wahrheit haben sie es gar nicht verinnerlicht. Auch das Gegenteil ist möglich. Jemand, der sich scheinbar gar nicht verändert hat, kann dennoch eine Menge aufgenommen haben.

Gewöhnliche Menschen schauen nur auf das Verhalten, aber ein intelligenter Mensch sieht tiefer und staunt über das Spiel des Bewusstseins – Brahman.

> Verhalten beeinflusst Beziehungen.
> Einstellung beeinflusst das Verhalten.
> Wissen oder Unwissenheit beeinflussen die Einstellung.
> Gnade bringt Wissen hervor.

Dein Inneres ist wie ein Baum – in manchen Jahreszeiten kahl, in anderen blühend. Erleuchtung ist unabhängig von Jahreszeiten wie die immergrüne Kokospalme, die während des ganzen Jahres Früchte trägt.

Bangalore Ashram, Indien 21.5.1996

Es gibt drei Arten des Verstehens: Intellektuelles Verstehen, Verständnis durch Erfahrung und existentielle Erkenntnis. Intellektuelles Verstehen sagt „ja", erklärt sich einverstanden. Verständnis durch Erfahrung fühlt, ist offensichtlich. Existentielle Erkenntnis ist unwiderlegbar. Sie wird zu Deinem wahren Wesen.

Wer nur intellektuelles Verständnis hat, wird meinen, er wisse schon alles. Die meisten Theologen fallen in diese Kategorie. Dein Intellekt mag wissen, dass Du hohl und leer bist, aber dazusitzen und zu fühlen, dass Du hohl und leer bist, ist etwas ganz anderes.

Alles, was Du hörst, wird einfach eine Aneinanderreihung von Wörtern bleiben, wenn es kein Verstehen durch Erfahrung gibt, das sich mehr auf der Gefühlsebene abspielt. Wenn Du eine Erfahrung machst, möchtest Du sie besser verstehen und wirst so zu einem Sucher.

Existentielle Erkenntnis umfasst Verständnis durch Intellekt und Erfahrung, geht jedoch über beide hinaus. Wie erreichst Du existentielle Erkenntnis? Dafür gibt es keine Technik. Wenn die Frucht reif ist, fällt sie.

Nordamerikanisches Zentrum, Montreal, Kanada 14.10.1998

Du hast viele Gesichter, aber Du schaust sie nicht an. In verschiedenen Lebensphasen zeigst Du unterschiedliche Gesichter. Wenn Du mit ihnen konfrontiert wirst, entstehen Konflikte, Verwirrung und Chaos in Dir. Aber wenn Du Deinem Sein nahe kommst, schmelzen alle Gesichter, und übrig bleibt der Raum, der Du bist.

Auf einer groben Ebene bezeichnest Du Dich als „jemand".
Auf einer feinen Ebene empfindest Du Dich als Energie oder als Verkörperung eines Engels, Heiligen oder Propheten.
Aber wenn Du sogar darüber hinaus gehst, bist Du ganz, heilig, Brahman: Purna Brahma Narayana.

Bangalore Ashram, Indien 18.12.1997

Shiva wird Chandrashekhara genannt, was bedeutet: „Jener Geist, der in Shiva – der Transzendenz – und immer über dem Gipfel ist."

Buddha ist nicht auf dem Gipfel, vielmehr ist der Gipfel unter Buddha. Jemand, der den Berg erklimmt, steigt auch wieder hinab. Aber der Berg sucht den Einen, der im inneren Raum gefestigt steht.

Hong Kong, 31.10.1996

Bewusstsein, das sich auf der Oberfläche des Körpers bewegt, ist ein Reiz, der Vergnügen bereitet. Wenn das Bewusstsein sich zusammenzieht oder schrumpft, entstehen Schmerz und Leid. Wenn sich das Bewusstsein in bestimmten Kanälen durch den Körper bewegt, erlebst Du es als Genuss.

Ein häufig wiederholter Genuss durch bestimmte Reize macht Dich träge und dumpf. Oft haben Köche keine Freude an ihren eigenen Gerichten. Ein Musikstück, das immer wieder gespielt wird, verliert seinen Reiz. Die Menschen in der Sex-Industrie genießen den Sex nicht.

Wenn Du die Reize beobachtest, dann weitet sich das Bewusstsein und wird Friede. Durch Bewusstheit verlieren die Reize ihre Bedeutung, es ist kein Unterschied, ob sie da sind oder nicht. Wenn die Sonne scheint, ist es nicht wichtig, ob die Kerze brennt oder nicht. Zu erkennen, dass alle Genüsse nur Reize sind und dass Du mehr bist als Reize, macht Dich frei.

Schmerz ist nichts anderes als Bewusstsein, das sich ausweiten und frei werden will. Freiheit ist die Befreiung von der Sucht nach Reizen. Schmerz ist kein dauerhafter Zustand. Wie der Schlaflose, der vergessen hat, wie man schläft, so haben die meisten von uns vergessen, wie man in Frieden und Glückseligkeit sein kann.
Wie es die natürliche Tendenz von Wasser ist, abwärts zu fließen und die natürliche Tendenz von Luft, Druck auszuweichen, so ist es die natürliche Tendenz des Bewusstseins, sich auszudehnen und in Frieden zu sein.

Hamburg, Deutschland 26.8.1998

Ra heißt auf Sanskrit: das, was strahlend ist und „Ma“ heißt: ich selbst.

Das, was in mir strahlt, ist Rama. Was in jedem Teilchen meines Seins strahlt, ist Rama.

Rama ist das Kind von Dasharatha und Kaushalya. Im Sanskrit bedeutet Dasharatha „der mit den zehn Wagen“, damit sind die fünf Sinnesorgane und die fünf Handlungsorgane gemeint. Kaushalya bedeutet Geschicklichkeit. Der geschickte Lenker der zehn Wagen kann Rama hervorbringen. Wenn Du die fünf Sinnesorgane und die fünf Handlungsorgane geschickt benutzt, dann entsteht ein Strahlen in Dir.

Rama wurde in Ayodhya geboren, „wo sich kein Krieg ereignen kann“. Wenn es keinen Widerstreit in unserem Geist gibt, kann das Strahlen entstehen.

Wenn die zehn Organe in Dir zusammenarbeiten, dann wird Gewahrsein geboren und Du wirst strahlend. Wir versuchen oft, nach dem Strahlen im Inneren Ausschau zu halten. Erkenne einfach, dass Du strahlend bist.

Bangalore, Indien 13.4.2000

Häufig sagen Menschen: „Sei außen genauso wie innen.“
Ich frage Dich, wie das möglich sein soll.

Innerlich bist Du ein riesiger Ozean, ein unendlicher Himmel.
Äußerlich bist Du endlich, nur eine begrenzte Form, eine normale dumme Person mit Begrenzungen und Fehlern.

Alles, was Du innerlich bist, die Liebe, die Schönheit,
das Mitgefühl, die Göttlichkeit, zeigt sich nie vollständig nach außen.
Was sich zeigt, ist nur eine Schale von Verhaltensweisen.

Frage Dich selbst: „Bin ich wirklich meine Verhaltensmuster?
Bin ich wirklich dieser begrenzte Körper-Geist-Komplex?“
Nein, Du bist innerlich und äußerlich nicht derselbe. Verwechsle die äußere Schale nicht mit dem, was Du innerlich bist. Und zeige Deine unendliche Herrlichkeit nicht nach außen, denn Göttlichkeit ist nicht so leicht zu verstehen. Lass noch einen Rest Geheimnis bestehen.

Rishikesh, Indien, 19.3.1998

Wenn das Wissen als Weisheit in Dir wohnt, wird es Dich nie verlassen. Weisheit wohnt in Deinem Herzen.

Mache das Göttliche zu Deinem Schatz, Deinem Geliebten.
Das ist Deine erste und letzte Aufgabe.

Verwahre Dein Herz an einem sicheren Ort; es ist sehr zart.
Selbst unbedeutende Ereignisse, kleine Dinge hinterlassen starke Eindrücke in ihm. Du kannst keinen besseren Ort als das Göttliche finden, um Dein Herz sicher zu verwahren und Deinen Geist gesund zu erhalten. Wenn Dein Herz im Göttlichen bleibt, werden weder die Zeit noch vorübergehende Ereignisse fähig sein, es zu berühren;
sie werden keine Narbe hinterlassen.

Ein wertvoller Stein benötigt eine Fassung aus Gold oder Silber,
die ihn sicher hält, wenn Du ihn trägst. Weisheit und Wissen sind
die Fassung, die Dein Herz im Göttlichen hält.

Fort Lauderdale, Florida, USA 12.2.1997

Segen kommt in vielen Formen zu Dir. Mach Dein Zuhause zu Gottes Haus, und es wird voll Licht, Liebe und Überfluss sein.

Mach Deinen Körper zu Gottes Wohnsitz, und Du wirst in Frieden und Glückseligkeit leben. Sieh Deinen Geist als Gottes Spielzeug an, und Du wirst all Seine Spiele beobachten und genießen. Sieh diese Welt als ein Spiel Gottes an, und Du wirst im nichtdualen Selbst ruhen.

Wenn Du großzügig bist, kommt Segen zu Dir als Überfluss.
Wenn Du hart arbeitest, kommt Segen zu Dir als Glück.
Wenn Du faul bist, kommt Segen zu Dir als harte Arbeit.
Wenn Du das Vergnügen liebst, kommt Segen zu Dir als Leidenschaftslosigkeit.
Wenn Du leidenschaftslos bist, kommt Segen zu Dir als Wissen vom Selbst.

Europäisches Zentrum, Bad Antogast, Deutschland, 13.5.1999

Zeit und Raum sind grenzenlos, zahllos sind die Sandkörner. Im Universum gibt es unzählige Atome, Sterne, Galaxien. Es gibt weder Anfang noch Ende, denn alles ist kugelförmig. Eine Kugel hat weder einen Anfang noch ein Ende, weder ein Ziel noch eine Richtung.

Wahrheit hat kein Ziel, keine Richtung. Wahrheit selbst ist das Ziel, und Wahrheit ist grenzenlos.

Grenzenlosigkeit in diesem begrenzten Körper zu erfahren, innerhalb der Zeitspanne Deines Lebens Zeitlosigkeit zu erleben, Glückseligkeit mitten im Elend zu entdecken – dazu bist Du hier.

Wenn diese Weisheit in Dir wächst, wird das Leben zur Feier. Während des Feierns kannst Du aber Deine Konzentration und Deine Bewusstheit verlieren. Die alten Seher wussten das, daher brachten sie Heiligkeit und Puja in jedes Fest, um die Bewusstheit inmitten der Fröhlichkeit der Feier zu behalten.

Rishikesh, Indien 30.10.1997

Einige Fragen können nur in Stille beantwortet werden. Stille ist das Ziel aller Antworten. Wenn eine Antwort den Geist nicht zum Schweigen bringt, ist es keine Antwort.

Gedanken sind nicht das Ziel an sich. Ihr Ziel ist Stille.
Wenn Du fragst: „Wer bin ich?“, dann erhältst Du keine Antwort, es herrscht Stille. Das ist die wirkliche Antwort. Denn Deine Seele ist verdichtete Stille. Diese verdichtete Stille ist Weisheit, ist Wissen.

Deine Gedanken zur Ruhe zu bringen gelingt Dir leicht, wenn Du Dich Deinen Gefühlen zuwendest. Gefühle ermöglichen das Aufscheinen von Frieden, Freude und Liebe, und die sind Dein wahres Wesen.

Auf die Frage: „Wer bin ich?“ ist Schweigen die einzig passende Antwort. Du musst alle in Worte gefassten Antworten beiseite schieben, einschließlich „Ich bin nichts“ oder „Ich bin das kosmische Selbst“ oder „Ich bin das Selbst“ – und einfach bei der Frage „Wer bin ich?“ bleiben. Alle Antworten sind Gedanken, und Gedanken können nie vollständig sein.

Nur Stille ist vollständig.

Rishikesh, Indien 16.3.2000

Stille

Gebet im Atem
ist Stille.

Liebe in Unendlichkeit
ist Stille.

Weisheit ohne Worte
ist Stille.

Mitgefühl ohne Absicht
ist Stille.

Tätigkeit ohne Handelnden
ist Stille.

Lächeln mit der ganzen Schöpfung
ist Stille.

Dass Sri Sri Ravi Shankar berufen ist, ein spirituelles Leben zu führen, war früh zu erkennen. Als kleiner Junge schon war er oft in Meditation versunken. Mit 17 Jahren hatte er seine Ausbildung sowohl in altindischer, vedischer Literatur als auch in modernen Wissenschaften beendet.
1982 begann Sri Sri Ravi Shankar das Sudarshan Kriya® zu lehren, eine kraftvolle Atemtechnik, die Stress beseitigt und innere Stille und Harmonie wieder herstellt. Heute wird diese Technik in aller Welt gelehrt:
Sie ist das Kernstück der Kurse Die Kunst des Lebens, in denen schon viele Menschen körperliche, mentale und emotionale Heilung gefunden und die Erfahrung des Einsseins gemacht haben. Sri Sri Ravi Shankar ist der Gründer der Art of Living Foundation, einer von den Vereinten Nationen anerkannten Nicht-Regierungsorganisation. Er ist die treibende Kraft hinter zahlreichen Projekten in aller Welt, die menschliche Werte und den Dienst an der Gemeinschaft fördern.

Weitere Informationen erhalten Sie gerne vom Europäischen Zentrum, oder auf der website **www.artofliving.de**.

Die Kunst des Lebens
EUROPÄISCHES ZENTRUM

Bad Antogast 1
77728 Oppenau
Deutschland

Tel.: +49(0)7804/ 910 923
Fax: +49(0)7804/ 910 924
E-Mail: info@artofliving.de

Das Wissen von Sri Sri Ravi Shankar ist erhältlich auf CDs, DVDs und in Büchern bei

Shankara Europe
Bad Antogast 1
77728 Oppenau
Deutschland

Tel.: +49(0)7804/ 973 941
Fax: +49(0)7804/ 973 942
E-Mail: info@shankaraeu.com
Internet: www.shankaraeu.com

Die Kunst des Lebens KURSE

Die Kunst des Lebens DEUTSCHLAND E.V. ist ein als gemeinnützig anerkannter Verein; sie arbeitet international im Verbund mit der „Art of Living Foundation", die bei den Vereinten Nationen als internationale Nicht-Regierungsorganisation (NGO) mit besonderem Beraterstatus akkreditiert ist und an UN-Konferenzen teilnimmt, eigene Projekte und Kurse zur Förderung der Gesundheit und der sozialen Lebensbedingungen in über 150 Ländern durchführt. Das wesentliche Anliegen ist die Entfaltung des Bewusstseins und die Entwicklung der Persönlichkeit zu größerer innerer Freiheit und Selbstbestimmung.

Der Kurs Die Kunst des Lebens TEIL 1 ist der ideale Einstieg in die Lehren von Sri Sri Ravi Shankar. Dieser Kurs dauert 18-20 Stunden, über 6 aufeinander folgende Tage verteilt; er hat das Leben Hunderttausender unabhängig von Beruf, Alter und kultureller oder religiöser Herkunft bereichert. Der Kurs ermöglicht unmittelbare Erfahrungen und vermittelt praktisches Wissen, zum Umgang mit den Herausforderungen des täglichen Lebens. Von besonderer Wirksamkeit zur Lösung von Stress ist das Sudarshan Kriya®, ein einzigartiger Atemprozess, der alle Körperzellen reinigt und mit lebensfördernder Energie durchflutet.
Wir fühlen uns erfrischt und erfüllt - der Geist wird still, und tiefe Freude steigt auf.

Die Kurse Die Kunst des Lebens TEIL 2/3 bieten uns die Möglichkeit über 4 bzw. 6 Tage, mit fortgeschrittenen Meditationstechniken in die innere Stille einzutauchen. Danach sind wir gefühlsmäßig erneuert und geistig angehoben, haben Kraft für das Familien- und Berufsleben.
Häufig finden diese Kurse im Europäischen Zentrum
Die Kunst des Lebens, Bad Antogast, Oppenau
in der Gegenwart von Sri Sri Ravi Shankar statt.

Sahaj Samadhi Meditation®

Die moderne Gesellschaft stellt hohe Anforderungen, denen wir uns oft nicht gewachsen fühlen. Wie können wir uns von der Flut der Informationen und Eindrücke wieder befreien und zu unserer inneren Stille und Kreativität zurückfinden? Wie können wir lieben, wenn wir uns selbst nicht kennen? Die Sahaj Samadhi Meditation bietet eine Antwort. Sie eröffnet uns den Raum der Stille in uns, aus dem alles kommt und ohne den alles bedeutungslos wird.
Die Meditation ist in einem dreitägigen Kurs leicht zu erlernen und kann dann täglich ausgeübt werden.

Informationen über unser weiteres Kursangebot, insbesondere für Kinder und Jugendliche (Art Excel/YES) und Studenten (YES!+), sowie über Die Kunst des Lebens Teil 1 Kurse in Ihrer Region finden Sie auf der Website: www.artofliving.de

Weitere Informationen erhalten Sie gerne:

Die Kunst des Lebens
EUROPÄISCHES ZENTRUM

Bad Antogast 1	Tel.: +49(0)7804/ 910 923
77728 Oppenau	Fax: +49(0)7804/ 910 924
Deutschland	E-Mail: info@artofliving.de

Das Wissen von Sri Sri Ravi Shankar ist erhältlich auf CDs, DVDs und in Büchern bei

Shankara Europe	Tel.: +49(0)7804/ 973 941
Bad Antogast 1	Fax: +49(0)7804/ 973 942
77728 Oppenau	E-Mail: info@shankaraeu.com
Deutschland	Internet: www.shankaraeu.com

Auf der website finden Sie alle lieferbaren Titel, u.a.: Die Kunst des Lebens, Die Stille feiern, Aphorismen, Wellen der Schönheit, Kommentare zu den Bhakti Sutren des Narada und zu den Yoga Sutren des Patanjali.